DIREITO,

ÉTICA E

JUSTIÇA

Marcelo Antônio Musa Lopes

SUMÁRIO

INTRODUÇÃO

A justiça é o véu mais nobre, que cobrindo os rostos em conflito, entrega o que de direito a quem de direito.

Mesmo que não seja possível visualizá-la por completo, deve-se buscá-la integralmente.

Ela tem dentro de si um começo de verdade, que somente é completa em Deus.

Aos homens, portanto, incumbe a tentativa de aplicá-la, buscando-a na equidade e na prática da educação e das virtudes.

A JURISDIÇÃO

A jurisdição é uma das funções do Estado, que incumbe ao Poder Judiciário.

Segundo Humberto Theodoro Júnior (1999), é através dela que o Estado dá solução aos litígios, tendo como objetivo imediato a aplicação da lei ao caso concreto e, como mediato, restabelecer a paz social.

Para cumprir essa tarefa, o Estado utiliza método próprio, que é o processo. Cria, assim, o Estado, "normas jurídicas que formam o *direito processual*, também denominado *formal* ou *instrumental*, por servir de forma ou instrumento de atuação da vontade concreta das leis de direito *material* ou *substancial*" (THEODORO JÚNIOR, 1999, p. 6).

Cintra, Grinover e Dinamarco (2006, p. 30), assim expõem:

> A *pacificação é o escopo magno da jurisdição* e, por conseqüência, de todo o sistema processual (uma vez que todo ele pode ser definido como a disciplina jurídica da jurisdição e seu exercício).

É um escopo social, uma vez que se relaciona com o resultado do exercício da jurisdição perante a sociedade e sobre a vida gregária dos seus membros e felicidade pessoal de cada um.

Justino Magno Araújo (2004) lembra que a jurisdição está intimamente ligada à função cultural, básica e essencial num Estado, e que diferentes são os sistemas jurídicos existentes, como o da *common law* (jurisdição exercida unicamente pelo Poder Judiciário), o da *civil law* (regime de jurisdição dúplice, onde existe ao lado do Judiciário o chamado 'contencioso administrativo' e utilizado no continente europeu), além do sistema dos direitos socialistas, onde o direito é concebido de maneira totalmente diversa do mundo ocidental (o juiz socialista pode se pôr em atividade até mesmo de ofício, sem que exista demanda, e em outros casos pode julgar *ultra petita*).

Aduz, ainda, que o Estado Moderno assumiu o poder de administrar justiça, integrando, preservando ou restabelecendo a ordem jurídica. E que daí a definição de Lopes da Costa: "Jurisdição é o poder-dever de o Estado declarar e realizar o direito" (COSTA apud ARAÚJO, 2004, p. 53).

A jurisdição é o poder de atuar do Estado na solução dos conflitos existentes numa sociedade, exercido através da autoridade regularmente investida para tal função – o juiz (princípio da investidura), com observância das normas processuais vigentes (respeito ao devido processo legal).

Wambier, Almeida e Talamini (ano 2000, p. 57) complementam:

> Para a realização das funções da jurisdição, o sistema jurídico positivo do Estado brasileiro prevê uma série de garantias, com assento na Constituição Federal, a partir das quais o legislador infraconstitucional está autorizado a "construir" todo o sistema processual. São garantias como a do devido processo legal, do juiz natural, da indelegabilidade e indeclinabilidade da jurisdição, da ampla defesa, do contraditório, da fundamentação das decisões judiciais, dentre outras tantas, igualmente previstas na Constituição Federal, que garantem aos cidadãos do Estado e às pessoas em geral o direito de acesso às decisões judiciais.

Verifica-se, assim, que a jurisdição é uma das funções precípuas do Estado, visando a própria preservação da ordem jurídica. Nesse sentido, cita-se Giorgio Del Vecchio (2005, p. 18-20), para o qual o Estado é "o sujeito da vontade que estabelece (impõe) uma organização jurídica", decorrente do inseparável atributo da soberania, afirmando, ainda:

> A manutenção da ordem jurídica é acompanhada, necessariamente, da sua constante reintegração não só pela inevitável luta entre o direito e o não-direito, que exige uma ininterrupta ação reparadora e reafirmadora das normas vigentes, mas também porque essas próprias normas se revelam, pouco a pouco, necessitadas de correções e de complementos. [...] Toda a organização jurídica é, neste plano, uma criação do Estado. (DEL VECCHIO, 2005, p. 18-20).

É através da jurisdição, pois, que exerce o Estado seu papel primordial de preservação da paz, da ordem e da garantia de aplicação das normas de direito substancial a cada caso concreto.

Como resultado da sua atuação, dá plena eficácia à norma, conservando sua autoridade e resguardando os interesses da sociedade de um modo geral.

A NORMA

Cesare Beccaria (2006) diz que os homens, cansados de viver em contínuo estado de guerra, sacrificaram parte da própria liberdade em troca de segurança e tranquilidade, unindo-se em sociedade. De modo que as leis foram criadas para permitir o convívio social, estabelecendo limites, direitos e deveres, e para punir e corrigir infratores. Contudo, entende ser um mal a interpretação das leis, quanto mais sua obscuridade. E que, para prevenir delitos, bastam que "as leis sejam claras, simples e que toda a força da nação se condense em defendê-las e nenhuma parte da nação seja empregada em destruí-las" (BECCARIA, 2006, p. 109).

Vê-se quão importante e atual esta afirmação: as leis devem buscar a clareza e simplicidade, de forma que todos possam agir conscientes de suas ações, pois a dúvida gera incerteza, e com ela, os conflitos.

Igualmente importante é que sejam aplicadas, ou seja, cumpridas por todos, pois do contrário perdem a eficácia e validade, tendo por consequência um resultado ainda mais danoso, que é a falta de credibilidade e respeito por elas.

Extrai-se daí sua real essência: garantir a ordem e o próprio Direito, o poder de atuação do Estado e a vida em sociedade.

Rizzato Nunes (2004) dispõe, ao tratar da lei como instrumento de ação do Estado, que sua função era manter a paz numa determinada sociedade e que a segurança coletiva era o propósito essencial da ordem jurídica. Depois, num segundo momento, a lei passou a ser utilizada como recurso para a manutenção do *status quo* social. Num terceiro momento, a finalidade da lei acabou por servir à livre auto-afirmação individual. Depois, teve por fundamento a consciência individual. Alude que o problema social passou a ser reconciliar as vontades livres e conflitantes dos indivíduos conscientes nas suas afirmações independentes nas diversas atividades da vida, sendo que, no final do século XIX, os juristas

12

começaram a pensar mais em termos de necessidades e expectativas humanas do que de vontades humanas. Começa-se a pensar na finalidade da lei não como um máximo de auto-afirmação, mas como um máximo de satisfação de necessidades. E traz a seguinte definição:

> A lei é, assim, instrumento importante de desenvolvimento e controle social, ou seja, a lei é o meio utilizado para esse controle e por intermédio dela se podem designar quais caminhos deverão ser seguidos pelo corpo social ou parte dele. É por ela que o Estado opera transformações econômicas, distribui (ou não) melhor a renda, gera novos direitos e obrigações, modifica hábitos e atitudes, aumenta o grau de liberdade e reprime. Enfim, a lei tem capital importância no controle da sociedade. (NUNES, 2004, p. 149).

Do texto de Antônio Gonzaga (2004), escrito no final do século XVIII e que foi publicado pela primeira vez em 1942, tornando-se um clássico do pensamento jurídico luso-brasileiro, pode-se extrair algumas definições a respeito:

> Grócio define a lei "uma regra dos atos morais que obriga ao que é justo". Heinécio porém não acha boa esta definição porque nela se supõe haver justo e injusto antes da lei. [...] Lei eterna, tomada no sentido lato, é a suma razão com que Deus governa tudo; tomada no seu sentido estrito, é uma ordenação da vontade de Deus, pela qual ele *ab aeterno* determinou que haviam

13

obrar as criaturas racionais as coisas necessárias para viverem conforme a natureza racional. Santo Agostinho diz que ela é a vontade de Deus, que manda que se guarde a ordem natural e proíbe que ela se altere. Esta lei é a fonte de todas as mais e a primeira regra das ações humanas. (GONZAGA, 2004, p. 183 e 193).

Dilvanir José da Costa (2005, p. 11, grifo do autor) assim trata das leis:

As leis naturais (físicas, matemáticas, químicas, biológicas) são providas de coação imanente e fatal: cumprem-se sempre, por desígnio da natureza. É do domínio do **ser**. No homem livre, racional e responsável, as leis que disciplinam sua conduta em sociedade são de outra natureza: são comandos de cumprimento obrigatório mas **provável**, podendo-se cumprir ou não **dever ser**, sob as sanções cabíveis.

E complementa:

A visão plena do Direito comporta uma estrutura normativa, uma infra-estrutura fática e uma super-estrutura de Valores. Ao fenômeno jurídico total interessa o **ser** (o conteúdo da norma, o que é regulado – o homem, a sociedade, os bens e suas relações), o **dever ser** (a normatividade em si) e o **objeto ou fim do dever ser** (os valores humanos e sociais). A Moral, o Direito Natural, a Justiça, o Bem Comum e o Humanismo constituem os **valores-fim** do Direito, ao lado de valores-meio, instrumentais ou contingentes. (COSTA, 2005, p. 31, grifo do autor).

Miguel Reale (2005, p. 25-29, grifo do autor), dispondo que 'cultura' é o conjunto de tudo aquilo que o homem constrói sobre a base da natureza, acrescenta:

> Recapitulando, podemos dizer que, ao contrário das leis físico-matemáticas, as *leis culturais* caracterizam-se por sua *referibilidade a valores*, ou, mais especificamente, por adequarem *meios a fins*. Daí sua natureza *axiológica* ou *teleológica*, não sendo demais lembrar que Axiologia significa 'teoria dos valores'; e Teleologia, 'teoria dos fins'. [...] É com base nas apreciações ou valorações econômicas, sociológicas, históricas, demográficas etc. que o *legislador* (ou, mais genericamente, o *político*) projeta normas, sancionando as que considera devam ser obedecidas. Quando, pois, uma lei cultural envolve uma tomada de posição perante a realidade, *implicando o reconhecimento da obrigatoriedade de um comportamento*, temos propriamente o que se denomina *regra* ou *norma*.

Diz, ainda, que "uma das finalidades do Direito é preservar e garantir tais valores e os que deles defluem" (REALE, 2005, p. 32), lembrando que a regra, ainda que transgredida, continua válida, pois há uma "correlação essencial entre o *dever* e a *liberdade* que caracteriza o mundo ético, que é o *mundo do dever ser*". Afirma que a norma traduz uma previsão de comportamento normal,

15

daquilo que é esperado pela sociedade, consoante os valores desta. "A regra representa, assim, um módulo ou medida de conduta" (REALE, 2005, p. 36-37).

Maria Elizabeth de Castro Lopes (2006, p. 26) diz que não se pode confundir norma jurídica com lei, "em face das outras normas existentes no universo não jurídico".

Aduz, ainda, que a norma abarca o princípio e a regra, distinguindo-se princípio de regra pelo caráter genérico do primeiro.

Têm-se, assim, os **princípios**: a) constitucionais (decorrem explícita ou implicitamente da Constituição, a exemplo do contraditório, da ampla defesa e do duplo grau de jurisdição); b) informativos (que comportam quatro classificações: *critério lógico* – que leva em consideração a própria sequência e ordem dos atos processuais; *critério jurídico* – no qual o processo deve tramitar de acordo com um sistema previamente concebido pelo legislador; *critério político* – segundo o qual o processo deve atender a ideias e valores consagrados na ordem jurídica,

16

como a independência da magistratura, a submissão de todos, inclusive o Estado, ao império da lei; e *critério econômico* – conhecido como princípio da economia processual, devendo se obter o máximo de resultados com o mínimo de esforço na atividade processual (evitar a prática de atos desnecessários); c) <u>fundamentais</u> (fundados em ideias e valores, a exemplo dos princípios dispositivo, da oralidade, da publicidade dos atos processuais e da bilateralidade da audiência).

A **<u>regra</u>**, "[...] diversamente do princípio, tem forte carga de concreção, isto é, traz a descrição de um estado de coisas, que é constituído por um fato ou uma espécie (*fattispecie*)" (LOPES, 2006, p. 61).

Ferdinand Lassale (2006) ressalta que a Constituição não é uma lei como as outras, mas uma lei fundamental, que atua e irradia através das leis comuns do país, nascida por exigência da necessidade e possuidora de uma força eficaz. Ela é "a soma dos fatores reais do poder que regem um país" (LASSALE, 2006, p. 35).

Diz, também, que uma Constituição escrita será boa e duradoura quando "corresponder à Constituição real e tiver suas raízes nos fatores do poder que regem o país" (LASSALE, 2006, p. 63-64), concluindo:

> Onde a Constituição escrita não corresponder à real, irrompe inevitavelmente um conflito que é impossível evitar e no qual, mais dia menos dia, a Constituição escrita, a folha de papel, sucumbirá necessariamente, perante a Constituição real, a das verdadeiras forças vitais do país. [...] De nada servirá o que se escrever numa folha de papel, se não se justifica pelos reais e efetivos do poder. (LASSALE, 2006, p. 64 e 72).

Eros Roberto Grau (2003a) argumenta, na sua obra, que sua pretensão era encontrar o fundamento do **direito posto** na sociedade que historicamente o pressupõe. No **direito pressuposto** – diz – "encontramos os *princípios* (jurídicos) de uma determinada sociedade" (GRAU, 2003, p. 44, grifo do autor). E chega à seguinte conclusão:

> [...] o direito pressuposto brota da (na) sociedade, à margem da vontade individual dos homens, mas a prática jurídica modifica as condições que o geram. [...] O direito que o legislador não pode criar arbitrariamente – insisto – é o direito positivo. O direito

pressuposto condiciona a produção do direito posto (positivo). Mas o *direito posto* transforma sua (dele) própria base. Isso significa – afirmo-o em outros termos – que *o direito pressuposto condiciona a elaboração do direito posto (direito positivo), mas este modifica o direito pressuposto*. [...] afirmar que o modo de produção da vida social determina o direito, de modo que o *direito pressuposto* é um produto cultural. Cada modo de produção produz *a sua cultura* e o direito pressuposto nasce como elemento *dessa cultura*. [...] o direito pressuposto compreende normas, regras e especialmente princípios ou "fundamentalmente princípios". (GRAU, 2003a, p. 43-44, grifo do autor).

Afirma, ainda, a existência de uma juridicidade ínsita no negócio jurídico e que não é dada pela lei, mas se manifesta anteriormente à incidência da lei, assim concluindo: "juridicidade que se manifesta no plano do direito pressuposto, anteriormente à institucionalização de um *direito posto*" (GRAU, 2003a, p. 79, grifo do autor).

Cita Emílio Betti, referindo-se às permutas praticadas pelas tribos selvagens, entre elas e com povos civilizados, e que, "não obstante a falta de um ordenamento superior (direito posto), as negociações que antecedem a conclusão do contrato são conduzidas com escrupulosa correção" (Grau, 2003a, p. 79).

19

E menciona o relato de Heródoto, reproduzido por Antônio Junqueira de Azevedo (Ciência do direito, negócio jurídico e ideologia. São Paulo: Saraiva, 1989):

> Os cartagineses dizem que, para lá das colunas de Hércules, há um país habitado onde eles vão comerciar. Quando chegam, tiram as mercadorias dos navios e as alinham ao longo da margem; retornam, em seguida, aos seus barcos, de onde fazem muita fumaça. Os naturais da região, percebendo a fumaça, vêm à beira-mar e, depois de deixar ouro, como preço pelas mercadorias, afastam-se. Os cartagineses saem, então, dos navios, examinam a quantidade de ouro trazida e, se ela lhes parecer corresponder ao preço das mercadorias, tomam-na e partem. Mas se o valor não é suficiente, voltam aos barcos, de onde esperam tranquilamente novas ofertas. Os outros voltam em seguida e acrescentam algum ouro mais, até que os cartagineses se deem por satisfeitos. Eles não enganam nunca uns aos outros. Os cartagineses não põem a mão no ouro, salvo se for como preço das mercadorias, e os naturais do país não levam nunca as mercadorias antes que os cartagineses tenham levado o ouro. (AZEVEDO apud GRAU, 2003a, p. 79).

De modo que o povo produz o **direito pressuposto** e o Estado produz o **direito posto** (direito formal), sendo que "apenas o direito produzido pelo povo é comprometido com a justiça" (Grau, 2003a, p. 81).

20

Argumenta, ainda:

A norma jurídica é *legítima* – dotada de *legitimidade* – quando existir correspondência entre o comando nela consubstanciado e o sentido admitido e consentido pelo todo social, a partir da realidade coletada como justificadora do preceito normatizado. A *legitimidade* é um **conceito material**, ao passo que a *legalidade* é um *conceito formal*. (GRAU, 2003a, p. 86, grifo do autor).

Assim, conclui:

A legitimidade do direito (= legitimidade do exercício do poder) deflui da *autoridade*, entendida esta como produto do racional relacionamento entre os comandos emitidos pelos que detêm o poder e o consenso do grupo social. (GRAU, 2003a, p. 87, grifo do autor).

Fellippe Augusto de Miranda Rosa (2004) também dispõe que a norma jurídica é um resultado da realidade social; emana da sociedade, refletindo seus objetivos, bem como suas crenças e valorações, o complexo de seus conceitos éticos e finalísticos.

Hans Kelsen (2006, p. 56-57) expressa-se do seguinte modo:

[...] no Direito, o único objeto do conhecimento jurídico é a norma; mas a norma é a única categoria que, no âmbito da natureza, não encontra nenhuma aplicação. [...] O conteúdo possível da norma é o mesmo conteúdo possível

21

do fato real, de modo que a norma, com o conteúdo desse fato real, com certeza refere-se ao comportamento humano, tanto no espaço como no tempo, sendo que esse determinado comportamento humano deve caminhar no sentido da norma, e estar de acordo com o seu conteúdo.

Humberto Theodoro Júnior (1999) define a impossibilidade da vida em sociedade sem uma normatização do comportamento humano, daí originando o Direito como um conjunto de normas gerais e positivas, que visam disciplinar a vida social.

Miguel Reale (2005, p. 105) aponta: "A validade de uma norma de direito pode ser vista sob três aspectos: o da validade formal ou técnico-jurídica (vigência), o da validade social (eficácia ou efetividade) e o da validade ética (fundamento)".

E conclui:

Não são apenas razões éticas e sociais que justificam a não-aplicação da norma legal em manifesto desuso, mas é a estrutura tridimensional mesma da regra jurídica que exige que esta, além da vigência, tenha um mínimo de eficácia. (REALE, 2005, p. 122).

Luis Ivani de Amorim Araújo (2005, p. 10) assim expõe: "As leis não são imutáveis – nem

22

se compreende que o fossem –, porém elas sofrem o impacto do desenvolvimento, ao saibo da unânime filosófica que é lei, ainda assim", de modo que elas não são alteradas, mas, em torno, a vida social se modela, se transforma, resultando que devam ser ajustadas às novas condições do meio que a vida apresenta.

Francesco Ferrara (2005) ensina que as leis valem enquanto o Estado não declarar suprimi-las no todo ou em parte (ab-rogação ou derrogação), de modo que não se pode considerar extinta diante de uma contrariedade com as exigências sociais. E que isso pode ser motivo para a sua ab-rogação, mas nunca uma causa de extinção da norma. Diz que para se verificar "a extinção é necessário ou que a própria lei contenha em si um limite à sua eficácia (leis *ad tempus*), ou que a lei seja mudada ou ab-rogada por outra posterior" (FERRARA, 2005, p. 82). E complementa que a ab-rogação pode ser também tácita (quando a lei antiga é incompatível com a lei nova, lembrando-se que a lei precedente é ab-rogada até onde for incompatível com a lei nova).

Dante Alighieri (2003, p. 41) dá razão a Túlio quando escreve: "Se as leis não tiverem em vista a utilidade dos cidadãos, não são leis justas; não são leis senão de nome; de fato e realmente, porém, não são leis", concluindo que elas devem sempre visar ao bem geral.

Rui Barbosa (2004, p. 48), referindo-se ao que dizia S. Paulo, em *I, Timoth, I, 8*, de que boa é a lei, onde se executa legitimamente, complementa:

> Quereria dizer: Boa é a lei, quando executada com retidão. Isto é: boa será, em havendo no executor a virtude, que no legislador não havia. Porque só a moderação, a inteireza e a equidade, no aplicar das más leis, as poderiam, em certa medida, escoimar da impureza, dureza e maldade, que encerrarem. [...] Que extraordinário, que imensurável, que, por assim dizer, estupendo e sobre-humano, logo, não será, em tais condições, o papel da justiça! Maior que o da própria legislação. Porque, se dignos são os juízes, como parte suprema, que constituem, no executar das leis – em sendo justas, lhes manterão eles a sua justiça, e, injustas, lhes poderão moderar, se não, até, no seu tanto, corrigir a injustiça. De nada aproveitam leis, bem se sabe, não existindo quem as ampare contra os abusos; e o amparo sobre todo essencial é o de uma justiça tão alta no seu poder, quanto na sua missão.

Nesse mesmo sentido dispõe Walter Vieira do Nascimento (2005, p. 25): "Em suma, por mais clara que a lei se mostre, ela sempre há de ser objeto de interpretação. Na boa interpretação, está a causa da boa aplicação, vale dizer, da boa justiça".

Conclui-se, pois, que, embora deva existir a norma para regular o comportamento humano, é importante que ela tenha o reconhecimento da sociedade, ou seja, eficácia social, modelando-se e atualizando-se conforme o pensamento e novas exigências dessa mesma sociedade.

A norma é, assim, o meio encontrado pela sociedade para estabelecer limites, de modo a preservar o respeito à liberdade de cada indivíduo e possibilitar a própria vida em sociedade.

É ela que regula a vida social.

Há sem dúvida uma luz natural que conduz os homens a uma visão do que é justo ou injusto, mas certamente são inúmeras as questões que demandam debates e mais debates para se alcançar um ponto comum, ou que sejam aceitas pela maioria e assim possam ter validade perante aquela mesma sociedade.

Portanto, as normas são necessárias a um convívio social harmônico e, para tanto, devem traduzir a vontade expressada pela maioria, a fim de que sejam legítimas e tenham eficácia plena. Para serem respeitadas, todavia, devem ser justas.

Igualmente importante é que sejam simples, no sentido de que sobre elas não pairem dúvidas, as quais cedem espaço aos futuros conflitos.

O DIREITO E O ESTADO

Miguel Reale (2005, p. 2, grifo do autor) assim define o Direito:

> Um *fato* ou *fenômeno social*: não existe senão na sociedade e não pode ser concebido fora dela. Uma das características da realidade jurídica é, como se vê, a sua *socialidade*, a sua qualidade de ser social.

Diz, também, que é heterônomo, "visto ser posto por terceiros aquilo que juridicamente somos obrigados a cumprir" (REALE, 2005, p. 49).

"Donde poder-se dizer que a ciência do Direito é uma forma de conhecimento *positivo* da realidade social segundo normas ou regras *objetivadas*, ou seja, *tornadas objetivas*, no decurso do processo histórico" (REALE, 2005, p. 17).

Assim também dispõe Felippe Augusto de Miranda Rosa (2004, p. 25):

> O direito é fenômeno que se associa a qualquer sociedade que apresente um mínimo de complexidade. Ele acompanhará o fenômeno social porque a ele é próprio, inerente. O consenso que domina o social se manifesta

irrecusavelmente em normas, das quais as jurídicas são instrumentos de que não se pode despojar a sociedade, sob pena de comprometer a própria existência.

E conclui:

> O Direito é fato social. Ele se manifesta como uma das realidades observáveis na sociedade. É o instrumento institucionalizado de maior importância para o controle social. Desde o início das sociedades organizadas manifestou-se o fenômeno jurídico, como sistema de normas de conduta a que corresponde uma coação exercida pela sociedade, segundo certos princípios aprovados e obedientes a formas predeterminadas. (ROSA, 2004, p. 44).

Também no mesmo sentido, abordando o texto constitucional, José Afonso da Silva (2001, p. 22, grifo do autor): "O direito constitucional manifesta-se rico de influência da realidade social e política. O sociologismo jurídico exacerba essa influência fática, concebendo a constituição *como fato*, antes que *como norma*".

E diz que, para Carl Schmitt (em *Teoria de la constitución*, Madrid, p. 27), "a essência da constituição não se acha numa lei, norma, mas no fundo ou por detrás de toda normatividade está uma *decisão política do titular do poder constituinte*, isto é, do povo na democracia, e do

28

monarca na monarquia autêntica" (SCHMITT apud SILVA, 2001, p. 29).

Eros Roberto Grau (2003a, p. 23, grifo do autor) diz que o direito é um instrumento de organização social, tendo como fim:

> [...] proteger e assegurar a liberdade de agir do indivíduo, subordinando-a ao interesse coletivo; ele demarca as áreas da **liberdade** e do **interesse coletivo**, tendendo à determinação de um ponto de equilíbrio entre esses dois valores. Por isso mesmo, o direito é habitualmente descrito como *mecanismo tendente à regulação de conflitos.*

Miguel Reale (2005, p. 80) ainda expõe que o Estado é, ao mesmo tempo e complementarmente, um *meio* e um *fim.* É um *meio* quando sua estrutura e sua força possibilitam aos indivíduos uma vida condigna no seio de uma comunidade fundada nos valores da paz e do desenvolvimento. E como *fim,*

> enquanto representa, concomitantemente, uma ordem jurídica e uma ordem econômica, cujos valores devem ser respeitados por todos como condição de coexistência social harmônica, onde os direitos de cada um pressupõem iguais direitos dos demais, assegurando-se cada vez mais a plena realização desse ideal ético.

Assim, "O Estado, como ordenação do poder, disciplina as formas e os processos de execução coercitiva do Direito" (REALE, 2005, p. 76).

Felippe Augusto de Miranda Rosa (2004, p. 76) atenta para o fato de que "[...] o Direito é o caminho normativo mais utilizado e mais eficaz para que o poder social, especialmente o poder do Estado, se realize".

Francesco Carnelutti (2003a, p. 21) expõe que "O direito é, pois, *uma combinação de força e de justiça*; e daí que em seu símbolo se encontre a espada ao lado da balança".

Diz, ainda, que o direito serve para ordenar a sociedade e que a ordem se resolve na ideia de estabilidade. E que um edifício tem o caráter da estabilidade, chamando-se, assim, Estado, a sociedade juridicamente ordenada. Conclui que o Estado é um produto do direito. Mas que o Estado, ao contrário do edifício, se move, pois a sociedade está em contínuo movimento. Diz, ainda, que o Estado não pode viver sem a família, base de sua estrutura. "Um Estado sem família é tão absurdo quanto um corpo humano sem células. [...] a saúde do Estado depende da coesão da família, ou seja, da circulação do amor entre seus membros" (CARNELUTTI, 2003a, p. 53-55).

Vê-se, assim, a importância da família humana na constituição de uma sociedade. É sem dúvida o alicerce primeiro, do qual sairão indivíduos prontos ou não a viver em comunidade, respeitando ou não seus semelhantes, comprometidos ou não com o futuro de uma nação.

Pode-se afirmar que o espelho de uma sociedade reflete o seu modo de vida interior, a relação experimentada e compartilhada entre seus membros.

Giorgio Del Vecchio (2006, p. 57) expõe que

> Com a teoria do contrato social se quis, primeiro, afirmar em geral a soberania popular como poder absoluto, indeterminado; depois, cuidou-se de determinar as consequências jurídicas, as cláusulas do hipotético contrato, vindo-se, desse modo, a investigar quais os direitos que o povo se reservou, e em quais casos e modos poderia exercitá-los. Começou-se, assim, a formular os direitos individuais, buscando-se manter possivelmente no estado de sociedade aqueles direitos que se dizia terem existido no estado de natureza (liberdade, igualdade, etc.). De outra

parte, manifestava-se, também, a tendência a assegurar a necessária autoridade e a estabilidade do Estado, embora sob a forma de contrato. Chegou-se, assim, através de graus [...] ao conceito do Estado de direito [...], isto é, [...] que tendiam a garantir os direitos individuais de liberdade nos limites da soberania do Estado.

Para Piero Calamandrei (2004, p. 42), as forças que atuam sobre a evolução do direito se dividem em duas categorias: conservadoras (a favor da manutenção da ordem jurídica existente e representada pela força moral e religiosa, e também pela força econômica da defesa dos bens e dos direitos, especialmente da posse e sua proteção) e reivindicatórias (a força dos trabalhadores e dos não possuidores). Diz que este conflito se resolve pela arbitragem do poder, representado pelo Legislativo. E que a lei deve expressar a vontade geral, sendo "necessário conciliar as forças opostas e não oprimir os vencidos".

Rizzato Nunes (2004, p. 323, grifo do autor) retrata uma importante questão:

Diga-se desde o início: o Direito é incompatível com a morte, ou precisamente com a pena de morte. *O Direito postula pela vida, luta pela sua manutenção e dignidade.* Onde não há vida não há Direito. Logo, estudar Direito é, desde logo, *a priori* conhecer certos princípios, e dentre estes está o da necessária garantia da vida humana, como condição básica da própria existência social.

Francesco Carnelutti (2005) traz uma lição, demonstrando que o Direito é necessário para que o povo possa alcançar a sua estabilidade, mas que Estado e Direito não são o mesmo, ou seja, pode o Estado subsistir sem o Direito. E faz isso através de uma comparação: uma ponte necessita de uma armação para ser construída, mas depois pode subsistir sem ela. Assim, também o Estado, na sua forma pura, não necessitaria do Direito. E diz:

> Eu não creio que sejam necessárias outras palavras para explicar minha comparação; o direito é a armação do Estado. Enquanto falte o amor, a vida do Estado está em perigo sem direito, como a existência do arco sem armação. No Estado de direito não podemos ver, pois, a forma perfeita de Estado. Os juristas são vítimas, neste ponto, de uma incrível ilusão. O Estado de direito não é o Estado perfeito mais do que possa ser perfeito o arco antes que os pedreiros o tenha construído. O Estado perfeito será, ao contrário, o Estado que não necessite mais de direito; uma perspectiva, sem dúvida muito distante, imensamente distante, mas certa, porque a semente está destinada indubitavelmente a transformar-se em árvore

carregada de folhas e de frutos. (CARNELUTTI, 2005, p. 18-19).

Luis Ivani de Amorim Araújo (2005, p. 38-39) destaca a importância da ONU (Organização das Nações Unidas) e da necessária autoridade de suas decisões: "Se as sanções decretadas pela ONU não forem acatadas, a esperança de paz desaparecerá e teremos a guerra, que é a negação mesma do Direito."

Argumenta, ainda, que o Direito é um só, diante dos princípios básicos de que fala Justiniano nas Institutas – viver honestamente, não lesar ninguém e dar a cada um o que é seu -, e que é da própria natureza humana a busca por um ideal de justiça, compreendida no direito à vida, à liberdade e à felicidade.

Também Piero Calamandrei (2004, p. 73) dispôs nesse sentido:

> Finalmente, a própria comunidade internacional encontra-se permeada pela transformação geral da experiência do Estado. O Estado, adjudicador de todo o trabalho social e provedor de todas as necessidades, carece de meio e de forças a fim de levar a cabo sua imensa missão; descobre-se impotente, e se vê constrangido a bater à porta da comunidade internacional. Populações acossadas por flagelos ou por carestias, grupos

de indivíduos perseguidos pelo Estado, minorias oprimidas por maiorias cruéis, perturbam a paz geral e se agrupam, também elas, às portas da mesma comunidade. Nascem e surgem claramente na consciência mundial, interesses e finalidades comuns, a respeito dos quais as sociedades nacionais são simples situações particulares. Surgem fins mundiais de produção, de alimentação, de proteção à infância, de defesa diante das enfermidades, de organizações de trabalho, que se superpõem e ultrapassam as forças de cada Estado, criam uma realidade concreta e uma experiência, que não apenas estão mais no nível do indivíduo, como superaram diretamente o nível do Estado. E tudo isso tende a transformar a comunidade internacional em uma corporação verdadeiramente grandiosa de povos e de indivíduos, que se empenha com denodo em se ocupar dos interesses elementares da vida do mundo. Aquelas que na Organização das Nações Unidas são denominadas "agências especializadas", e que funcionam, constituem o primeiro esboço da civitas máxima que se vai perfilhando, quase sem que os Estados o percebam, e apenas na qual cada homem poderá, jurídica e justamente, se dizer cidadão do mundo.

Sobre a crise da justiça e do mundo em geral, diz:

Somos chamados principalmente para uma renovação moral, que compromete a totalidade de nossa responsabilidade pessoal, e somente, em consequência, a operar no campo jurídico e econômico. É necessário um despertar fundamental da consciência que consiga fazer sentir e operar a solidariedade entre todos os homens, a substancial interdependência do bem-estar dos diversos países, a unidade e a fraternidade do gênero humano. (CALAMANDREI, 2004, p. 124).

Verifica-se que a comunidade mundial vive e sobrevive à luz do Direito.

Quando regras são quebradas, limites desrespeitados, culturas e povos exterminados, nota-se que interesses econômicos, políticos e tantos outros que não a vivência do Direito estão imperando em seu lugar. Dá-se lugar à guerra, quando a conduta interior não está respaldada na aplicação do Direito.

Não raras vezes os Estados agem sem observar seus próprios ideais fundados no Direito. E ao abandonar esta relação suprema, não subsiste mais o Direito, mas tão-somente um Estado cego e autoritário.

É plenamente necessário, pois, o equilíbrio dessa relação, entre o Estado e o Direito, para que reine a democracia, a ordem e a paz.

A solidariedade e a fraternidade são importantes meios de que dispõem os indivíduos na construção de uma sociedade mais justa;

porém, não podem deixar de exigir do Estado uma atuação mais ativa nesse sentido.

Deve-se 'lutar' pelo Direito, como bem observa Rudolf Von Ihering (2006, p. 1):

> A paz é o fim que o direito tem em vista, a luta é o meio de que se serve para o conseguir. Por muito tempo pois que o direito ainda esteja ameaçado pelos ataques da injustiça – e assim acontecerá enquanto o mundo for mundo – nunca ele poderá subtrair-se à violência da luta. A vida do direito é uma luta: luta dos povos, do Estado, das classes, dos indivíduos. [...] O direito não é uma pura teoria, mas uma força viva. Por isso a justiça sustenta numa das mãos a balança em que pesa o direito, e na outra a espada de que se serve para o defender. A espada sem a balança é a força brutal; a balança sem a espada é a impotência do direito. Uma não pode avançar sem a outra, nem haverá ordem jurídica perfeita sem que a energia com que a justiça aplica a espada seja igual à habilidade com que maneja a balança.

Deste estudo, pode-se compreender que o Direito é uma necessidade, nascido da própria sociedade e para ela voltada, de modo a regulá-la na solução dos conflitos e dando, ao mesmo tempo, sustentáculo à vida do próprio Estado.

O Estado nasce e o Direito lhe dá vida, tanto mais plena quanto for sua prática e sua expressão na aplicação da vontade popular, na real vivência da democracia.

ESCOPOS DO PROCESSO

É através da evolução histórica do processo que se conhece seus fins, nos diferentes meios e culturas, de onde sobressai a justiça como meta, tendo a educação e as virtudes como instrumentos necessários para alcançá-la.

Justino Magno Araújo (2004) cita em sua obra as fases na evolução do Direito Processual Civil: a primeira, **procedimentalista**, que considerava o processo como simples exercício de direitos (direito adjetivo); a segunda, conhecida como **científica** e marcada pelas grandes construções doutrinárias, dando ao processo civil uma autonomia científica; e a terceira, **instrumentalista**, ainda atual, na qual nos vemos diante de um processo de resultados, onde se busca a efetividade da prestação jurisdicional, mediante novos mecanismos de atuação.

Acrescenta também, que em decorrência dessa evolução do Direito Processual, atualmente está o mesmo inserido num contexto constitucional, a partir da consagração do princípio do *due process of law*. Dele decorrem outros princípios constitucionais: contraditório, isonomia, duplo grau de jurisdição, entre outros. "O processo, portanto, transformou-se de mero instrumento técnico em um instrumento ético de realização de justiça" (FERREIRA FILHO, GRINOVER e CUNHA FERRAZ apud ARAÚJO, 2004, p. 46).

Ives Gandra da Silva Martins Filho (2006, p. 158-159), expondo sobre a evolução do processo nos sistemas ocidentais, parte do Direito Romano, onde "a ação se confundia com o próprio direito material (o que existiam eram ações e não direitos), sendo o processo inquisitório e oral", e destaca a "instrução pelos pretores (que enquadravam a causa numa das *actiones*) e decisão por um árbitro". Cita a seguir os costumes bárbaros (germânicos) – prova não racional – constituído de "ordálias ou juízos de Deus (quem resistia ao fogo ou à água estava com a razão, dado que protegido por Deus)"; e ainda os anglo-saxões, cujos processos eram instruídos não com provas, mas com juramentos em favor dos querelantes. Depois, cita o surgimento do processo escrito, com o Direito Romano Canônico, que foi aproveitado pela Escola dos Glosadores (Bolonha – século XIII), juntamente com o *Corpus Iuris Civilis* (compilação de todo o Direito Romano, mandada fazer por Justiniano). Segue-se a Escola dos Comentadores (Bolonha – século XIV), que deu origem ao processo comum. Aduz sobre o "Praxismo - difusão do processo comum pela Europa, aproveitando as praxes e direitos particulares ou estatutos de cada vila". Menciona o "Procedimentalismo (concebido na Itália por César Beccaria e introduzido em Portugal pela *Lei da Boa Razão*, de 1769)", no qual se funda o processo "nos princípios da oralidade, da publicidade, do dispositivo e na obrigatoriedade da fundamentação das sentenças". E conclui com o Processualismo Científico Moderno, fundado na "concepção da *autonomia do direito de ação* e no *caráter publicista* do processo (o direito de ação é distinto do direito material, pois é o direito à prestação jurisdicional)".

Dispõe, ainda, sobre os princípios constitucionais do processo, destacando o *due process of law* (CF, art. 5º, XXXV), dentro do qual se verifica o juiz natural (CF, art. 5º, LIII); o contraditório (CF, art. 5º, LV) e a observância do procedimento regular (CF, art. 5º, LIV); a **publicidade dos atos processuais** (CF, arts. 5º, LX, e 93, IX); a **motivação das decisões** (CF, art. 93, IX); a **garantia da assistência judiciária** (CF, art. 5º, LXXIV); o **duplo grau de jurisdição** (CF, art. 5º, LV) e a **celeridade processual** (CF, art. 5º, LXXVIII).

Tais princípios constitucionais demonstram, por si só, a relevância e importância do processo, cujas bases fundamentais não podem ser transgredidas, pois decorrem da própria ordem jurídica constitucional e democrática.

Cândido Rangel Dinamarco (2001, p. 197) expressa-se da seguinte forma: "A Constituição formula princípios, oferece garantias e impõe exigências em relação ao sistema processual com um único objetivo final, que se pode qualificar como garantia-síntese e é o *acesso à justiça*".

Sobre os novos rumos do direito processual civil, Humberto Theodoro Júnior (1999, p. 9) argumenta:

> Ideias como a de instrumentalidade e efetividade passaram a dar a tônica do processo contemporâneo. Fala-se mesmo de 'garantia de um processo justo', mais do que um 'processo legal', colocando no primeiro plano ideias éticas em lugar do estudo sistemático apenas das formas e solenidades do procedimento.

José Renato Nalini (2001, p. 96, grifo do autor) diz que o processo "é uma **luta civilizada**", um instrumento na realização da Justiça, com deveres éticos às partes e seus procuradores:

> [...] o **dever da verdade, o dever de lealdade e boa-fé, o dever de fundamentação das pretensões, o dever de produzir provas úteis, o dever de comparecer a juízo, o dever de comportar-se convenientemente, o dever de não atentar contra a dignidade da justiça, o dever de urbanidade** e muitos outros.

Kazuo Watanabe (2000, p. 91-92) assim expõe:

> O processo é, sem dúvida alguma, um instrumento de tutela efetiva dos direitos. E essa instrumentalidade, como já ficou acentuado [...], deve ser substancial, no sentido de

preordenação do processo à missão de oferecer todos os meios necessários ao amparo efetivo e pleno dos direitos e interesses contra qualquer forma de violação ou ameaça de ofensa, ou denegação da justiça. Assim, qualquer que seja a doutrina defendida pelo processualista, a visão instrumentalista o levará, necessariamente, ao problema da coordenação entre o processo e o direito material. As "condições da ação" foram criadas, exatamente, com essa preocupação, que está transparente quando afirma Liebmam que a ação "si riferisce ad uma fattispecie determinata e esattamente individuata", não tendo assim um conteúdo genérico. Através delas se estabelece 'o ponto de conexão entre o direito processual e o direito material'. Constituem, sem dúvida alguma, elementos através dos quais se visualiza a coordenação entre o processo e o direito material, vale dizer, entre o plano do direito material e o do direito processual, que são distintos, apesar do vínculo de instrumentalidade que os une. A coordenação é necessária para que o processo cumpra a função de instrumento efetivo de algo determinado e individuado, e não instrumento teórico de coisa considerada apenas abstratamente. Essa é a coordenação que faz o processualista que busca, pela perspectiva do direito processual, a instrumentalidade substancial.

Sandra Aparecida Sá dos Santos (2002, p. 87-89), expondo que o direito material e o direito processual caminham lado a lado, complementa:

O processo é um instrumento utilizado para a realização do direito material. Podemos afirmar que, dentro do sistema probatório processual, trilha-se o caminho da busca da verdade, com

44

oitiva de testemunhas, perícias e documentos, entre outros meios. [...] A permanente construção do ordenamento jurídico tem como finalidade inexorável a busca da verdade real, para a obtenção do justo, por meio do devido processo legal, porque a Justiça é o bem supremo sobre o qual incabível tergiversar.

Para José Frederico Marques (2000, p. 8-9), "O que há de real no *processo* é o sentido finalístico, a sua teleologia, a sua *causa finalis*", ou seja, resolver os conflitos "dando a cada um o que é seu e garantindo o triunfo da justiça e da liberdade".

Maria Elizabeth de Castro Lopes (2006, p. 73-74) diz que "o processo efetivo é aquele cujo resultado garante a paz pública, a certeza e a segurança jurídicas, além do caráter ético e pedagógico que deve estar sempre presente". E, mencionando as lições de Chiovenda, expõe que "o processo deve garantir a plenitude do direito e, portanto, seu resultado deve corresponder inteiramente à tutela jurisdicional devida".

Felippe Augusto de Miranda Rosa (2004, p. 118) faz a seguinte análise:

Do ponto de vista sociológico, entretanto, o processo judicial é apenas um dos modos de acomodação de situação de conflito social. Sociologicamente, o conflito não se resolve com a decisão que o órgão jurisdicional profira; o processo social de conflito é enfrentado, apenas, por um processo social de acomodação ou composição, pelo qual o conflito se torna latente. [...] A teoria geral do processo é mesmo um dos campos mais fascinantes do conhecimento jurídico. Seu estudo permite importantíssimas observações de natureza teórica e doutrinária, vinculadas às próprias finalidades do Estado e às razões de ser da ordem jurídica. Essa teoria geral vem sendo elaborada longamente e se inclina no sentido da evidência da unidade essencial do Direito Processual. Em essência, o processo é um, e nele o que varia é o quadro de procedimentos.

Divide-se, assim, o Direito Processual em ramos: Direito Processual Comum (processo penal e processo civil) e Direito Processual especial (processo penal militar, processo trabalhista e processo eleitoral). O processo penal volta-se para o exame de valores socioculturais específicos, enquanto que o processo civil, sem minimizar aqueles valores, põe especial atenção no assegurar a igualdade das partes. E complementa:

O Direito Processual visa, entre outras coisas, a realizar o valor da segurança nas relações processuais, vale dizer, num dos aspectos das relações jurídicas. Ora, esse valor de segurança nas relações jurídicas vai muito além dos limites puramente processuais, como é sabido, dominando até mesmo a própria organização política do Estado, em termos de Direito. (ROSA, 2004, p. 123).

José Roberto dos Santos Bedaque (2006, p. 19) aduz que o processo passou pela **fase sincrética**, quando era tratado como mero apêndice do direito material, depois pela **fase autonomista**, marcada pela ideia separatista, para culminar na **fase instrumentalista**, com a conscientização a respeito dos escopos do processo.

Expõe que são três os grandes obstáculos para que o processo atinja seu escopo: *econômico* (relacionado à pobreza), *organizacional* (referente ao interesse de grupos – coletivos ou difusos) e *processual* (a insuficiência do processo na solução de determinados litígios). E que é fundamental que o processo se desenvolva "segundo técnica adequada e apta a possibilitar que os fins sejam atingidos" (BEDAQUE, 2006, p. 25-26).

E conclui:

O processo, em síntese, deve ser instrumento seguro e efetivo de justiça e pacificação social. Todos esses valores – *segurança, efetividade,*

47

justiça e *paz social* – não podem ser olvidados no exame da técnica, pois esta é simples meio para se chegar àqueles, os reais fins do processo. (BEDAQUE, 2006, p. 40).

Assim, expõe Bedaque (2006, p. 49), *"Processo efetivo* é aquele que, observado o equilíbrio entre os valores *segurança* e *celeridade*, proporciona às partes o resultado desejado pelo direito material".

Verifica-se, pois, que o processo é o meio instrumental utilizado pelo Estado, no exercício da sua função jurisdicional, para se fazer valer o Direito, ou seja, fazer com que as regras postas pela sociedade sejam cumpridas por todos, ao mesmo tempo em que objetiva a eliminação dos conflitos e a pacificação social, tendo como resultado a aplicação da justiça, regrada pela atuação da vontade da lei ao caso concreto.

O processo, em si, deve ser ordenado de forma a garantir todos os princípios fundamentais que o norteiam, os quais exigem seja ele transparente, equitativo, seguro e célere.

TÉCNICAS PROCESSUAIS

Para um processo célere, seguro e eficaz, necessário o aprimoramento sempre constante das técnicas empregadas, visando a sua adequação e utilidade para o fim almejado.

Nesse esteio, o juiz tem nas mãos o exercício delas para a entrega efetiva da prestação jurisdicional.

Mauro Cappelletti (2001) aponta que o processo civil, mesmo sendo um instrumento dirigido à tutela de direitos normalmente privados, representa, contudo, ao mesmo tempo, também uma função pública do Estado, de modo que as partes não são livres para determinar, ao seu bel-prazer, o modo como o processo deve se desenvolver.

Expõe que na primeira metade do século XIX, os sistemas processuais civis dos países europeus consideravam o processo como 'coisa das partes', ou seja, havia o domínio das partes privadas sobre o desenvolvimento do processo, sobre a técnica processual, sobre as regras e modalidades do processo. Vigorava, assim, o sistema da escritura, no qual o juiz era chamado somente para julgar, e a base sobre a qual ele devia apoiar sua sentença era constituída pelos escritos que as partes haviam 'trocado' entre elas no andamento do processo. E que isto servia para proteger as partes contra o juiz desonesto. E diz que há muito tempo já se fazia um movimento doutrinário em favor de um sistema processual oral.

Dispõe, ainda:

No mundo de hoje, todo o movimento válido de pensamento, toda a concepção que efetivamente reflita as renovadas exigências sociais tende, ainda mais do que pudesse acontecer em outros tempos, a deitar por terra os limites dos países isolados ou nacionais e a assumir um alcance de tendência universal. Em resumo, há uma profunda e irresistível tendência para a unidade, e esta tendência se reflete necessariamente também no mundo do direito e de seus substitutos. Vimos esta tendência no estudo de vários princípios fundamentais da técnica do processo e a encontramos novamente no estudo do sistema das provas. [...] Poder-se-ia acrescentar também que, em um mundo no qual, *bon gré mal gré*, a pacífica coexistência dos povos se faz cada vez mais necessária, exatamente a busca daqueles elementos comuns e de semelhança deveria constituir a premissa teórica e o guia prático mais seguros em todo o movimento racional dos códigos e das leis processuais. (CAPPELLETTI, 2001, p. 102-104).

Teori Albino Zavascki (2006, p. 17-18) assim expõe sobre o sistema processual:

> O Código de Processo Civil Brasileiro, de 1973, foi estruturado a partir da clássica divisão da tutela jurisdicional em tutela de conhecimento, tutela de execução e tutela cautelar. [...] Tal sistema, por outro lado, foi moldado para atender à prestação da tutela jurisidicional em casos de lesões a direitos subjetivos individuais, mediante demandas promovidas pelo próprio lesado. [...] Não se previu, ali, instrumentos para tutela coletiva desses direitos [...] Não se previu, igualmente, instrumentos para tutela de direitos e interesses transindividuais, de titularidade indeterminada, como são os chamados "interesses difusos e coletivos". [...] não foram previstos instrumentos para dar solução a conflitos verificáveis no plano abstrato [...] como é o conflito que se estabelece entre preceitos normativos ou, mais especificamente, entre normas constitucionais e normas infraconstitucionais. Todavia, as diversas modificações legislativas supervenientes, ocorridas principalmente a partir de 1985, alteraram de modo substancial não apenas o Código de Processo, mas o próprio sistema processual nele consagrado. [...] O sistema processual é, atualmente, mais rico e mais sofisticado.

Dispõe, ainda, que essas modificações do sistema processual se deram em duas fases (ou ondas) bem distintas: a primeira, iniciada em 1985, destinada a dar curso a demandas de natureza coletiva, a tutelar direitos e interesses transindividuais e a tutelar a ordem jurídica abstratamente considerada; e a segunda, iniciada em 1994, com modificações nos dispositivos referentes aos recursos, ao tratar dos procedimentos especiais para as ações de consignação em pagamento e de usucapião, as modificações nos dispositivos do processo de conhecimento, do processo cautelar e do processo de execução, e outra série de alterações visando a efetividade do processo.

Cândido Rangel Dinamarco (2001, p. 194) lembra que

> o sistema processual é *tutelado* por uma série de preceitos constitucionais ditados como padrões a serem atendidos *pelo legislador* ao estabelecer normas ordinárias sobre o processo e *pelo intérprete* (notadamente o juiz) encarregado de captar o significado de tais normas, interpretando os textos legais. Essa *tutela* reside nos chamados *princípios e garantias constitucionais*, de índole acentuadamente política e que correspondem a importantíssimas opções do moderno Estado-de-direito. Em última análise, a tutela constitucional do processo consiste na projeção da índole e características do próprio Estado sobre o sistema processual.

Falar em acesso à *ordem jurídica justa*, por exemplo (ou na garantia de inafastabilidade do controle jurisdicional), é invocar os próprios fins do Estado moderno, que se preocupa com o bem-comum e, portanto, com a felicidade das pessoas [...]

Também Wambier, Almeida e Talamini (2000, p. 39) expõem que:

Para a realização das funções da jurisdição, o sistema jurídico positivo do Estado brasileiro prevê uma série de garantias, com assento na Constituição Federal, a partir das quais o legislador infraconstitucional está autorizado a "construir" todo o sistema processual. São garantias como a do devido processo legal, do juiz natural, da indelegabilidade e indeclinabilidade da jurisdição, da ampla defesa, do contraditório, da fundamentação das decisões judiciais, dentre outras tantas, igualmente previstas na Constituição Federal, que garantem aos cidadãos do Estado e às pessoas em geral o direito de acesso às decisões judiciais.

A respeito das características das normas processuais, acentuam:

Em primeiro lugar, é forçoso concluir que as regras processuais não são de direito material, porque todas as normas processuais dizem respeito a atividades jurisdicionais, que ocorrem, portanto, no processo. Depois, conclui-se que se trata de normas de direito público, e não de direito privado [...] Quanto ao grau de obrigatoriedade das normas, temos que o direito processual é composto preponderantemente de regras cogentes, imperativas ou de ordem pública, isto é, normas que não podem ter sua incidência afastada pela vontade das partes. (WAMBIER, ALMEIDA E TALAMINI, 2000, p. 57).

Cândido Rangel Dinamarco (2001, p. 195-196) dispõe sobre os princípios formativos do processo (ou princípios informativos), os quais diz se tratar de regras técnicas:

a) *princípio econômico*, voltado à produção do melhor resultado desejável com o menor dispêndio possível de recursos;
b) *princípio lógico*, que aconselha a seleção de meios eficazes à descoberta da verdade e das soluções corretas, evitando erros;
c) *princípio jurídico*, que postula a igualdade no processo e a fidelidade dos julgamentos ao direito substancial;
d) *princípio político*, dirigido ao binômio representado pelo máximo possível de garantia social com o mínimo de sacrifício pessoal.

Humberto Theodoro Júnior (1999, p. 26) expõe que "Os princípios fundamentais em que se inspira a legislação processual de nossos dias [...] são de duas ordens: os relativos ao processo e os relativos ao procedimento", sendo informativos do **processo** os princípios do devido processo legal, o inquisitivo e o dispositivo, do contraditório, do duplo grau de jurisdição, da boa-fé e da lealdade processual, e da verdade real; enquanto que são informativos do **procedimento** os princípios da oralidade, da publicidade, da economia processual e da eventualidade ou da preclusão.

Aduz também que "As fontes do Direito Processual Civil são as mesmas do direito em geral, isto é, a lei e os costumes, como fontes *imediatas*, e a doutrina e jurisprudência, como fontes *mediatas*" (THEODORO JÚNIOR, 1999, p. 20).

Destaca, ainda:

> Aplicam-se ao direito processual as normas comuns de hermenêutica legal. Mas, especialmente, deve-se valorizar, na aplicação do direito instrumental, a regra contida no art. 5º da Lei de Introdução do Código Civil brasileiro, que manda ao aplicador da lei atender "aos fins sociais a que ela se dirige e às exigências do bem comum" (Decreto-Lei nº 4.567/42). (THEODORO JÚNIOR, 1999, p. 24).

Diz que atualmente as legislações processuais são mistas no que se refere aos princípios inquisitivo (liberdade da iniciativa conferida ao juiz, tanto na instauração da relação processual como no seu desenvolvimento, em busca da verdade real) e dispositivo (atribui às partes toda a iniciativa, seja na instauração do processo, seja no seu impulso).

Maria Elizabeth de Castro Lopes (2006, p. 117) reforça a ideia de que o princípio dispositivo não foi abolido do ordenamento processual e continua em vigor, ainda que com roupagem nova, e que "mais importante do que a opção entre o princípio dispositivo e o princípio inquisitório é a conscientização de que a atividade probatória deve ser regida pelo princípio de colaboração entre as partes e o juiz".

Exemplifica vários artigos para demonstrar a presença do princípio dispositivo no código atual, como o art. 2º (prestação da tutela jurisdicional somente quando requerida), o art. 128 (a lide será decidida nos limites em que foi proposta) e o art. 333 (dispõe sobre o ônus da prova).

Lembra, ainda, que o direito positivo brasileiro contempla hipóteses de abrandamento do princípio dispositivo, tendo em vista a "relevância dos interesses em jogo, como ocorre nas relações de consumo e, de modo geral, nos direitos com *status* constitucional" (LOPES, 2006, p. 152).

Maurício Giannico (2005) ensina que o **sistema procedimental** pode ser **rígido** (a distribuição dos atos processuais é feita por meio de fases bem delineadas e sem retrocessos, marcados pelo uso acentuado da preclusão) ou **flexível** (possibilidade de retrocesso na marcha processual e pelo maior poder do magistrado na condução do processo – adotado por países europeus).

Comenta que o **princípio do impulso oficial** "encontra sua razão de ser na irrestrita prevalência do interesse público, em detrimento do interesse particular dos litigantes, na solução dos conflitos trazidos ao Poder Judiciário", de modo que o Estado tem o dever de atuar, independentemente de requerimento das partes, impulsionando o processo adiante, rumo à solução da controvérsia deduzida em juízo (GIANNICO, 2005, p. 33).

Traz, ainda, a definição do instituto da preclusão, citando José Manoel Arruda Alvim (em

57

Manual de direito processual civil, v. I, 6. ed., Revista dos Tribunais, São Paulo, 1997, p. 457), que diz tratar-se de verdadeiro princípio processual, sendo "a espinha dorsal do processo, no que respeita ao seu andamento, pois é o instituto através do qual, no processo, se superam os estágios procedimentais" (GIANNICO, 2005, p. 39).

Conceitua que a preclusão temporal está intimamente relacionada com a sistemática dos prazos processuais, encontrando seu fundamento legal no art. 183 do CPC. A preclusão consumativa, inserta no art. 158 do CPC, não permite a repetição do ato (*ne bis in idem*). A preclusão lógica decorre da incompatibilidade entre o ato que se pretendia realizar com outro já anteriormente praticado.

Faz uma importante ressalva quanto à **matéria de ordem pública**. Diz da dificuldade de se definir adequadamente o que seja ordem pública, dada sua variedade de associação com a ordem social, política, cultural, econômica e jurídica. Contudo, inegável o princípio da supremacia a ordem pública, ou seja, o interesse do próprio Estado acima do interesse particular e que tem sua aplicação no direito civil como também no âmbito do direito processual civil.

Esclarece que, no concernente ao direito processual civil, as matérias de ordem pública estão normalmente relacionadas às **nulidades processuais absolutas**. E lembra que "as nulidades absolutas não precluem", conforme está disposto no art. 267, § 3º, do Código de Processo Civil, uma vez que podem ser conhecidas de ofício e arguidas a qualquer tempo e grau de jurisdição (GIANNICO, 2005, p. 163-167).

Excetua, nas questões de ordem pública, a **preclusão hierárquica**, na qual é vedado o reexame pelo juízo *a quo* de matéria já decidida pelo Tribunal *ad quem*, em prol da segurança jurídica.

Para Cássio Scarpinella Bueno (2006, p. 7), "O processo tem de ser compreendido como o conjunto de atividades judiciais que vão desde o provocar o Estado-juiz a *reconhecer* o direito até o *realizá-lo*".

E para que este 'reconhecimento' seja 'concretizado', necessária a satisfação do credor. Para isto o processo pode desenvolver-se em fase de conhecimento e fase de execução.

E somente "quando a execução chega ao fim de modo frutífero, cumprindo integralmente a sua finalidade, diz-se então atuada a vontade concreta do direito objetivo substancial", atingindo, assim, o objetivo maior de "pacificação social, situada à base de todo o sistema" (DINAMARCO, 1997, p. 153).

Felippe Augusto de Miranda Rosa (2004, p. 68) retrata que há quatro tipos de solução de conflitos: a negociação direta; a mediação ou conciliação; o arbitramento; e o litígio nos tribunais.

Também expõe que

Os valores éticos que informam a vida social encontram-se presentes em todo o sistema de normas processuais. Exemplo disso é, seguramente, o princípio de que ninguém pode alegar, em próprio benefício, nulidade a que tiver dado causa. Ninguém pode beneficiar-se da própria torpeza, é o velho princípio que vem do Direito Romano e que está presente no Direito Processual, como uma espécie de norma uniforme aplicada a quase todas as disposições que regem os procedimentos judiciais. [...] Certos valores ético-afetivos também estão presentes na legislação processual. Exemplo disso é a regra de que não pode o Tribunal, em grau de recurso, reformar a decisão para piorar a situação de quem dela recorreu. Proibida é, sabemos, a *reformatio in pejus*. (ROSA, 2004, p. 124).

E faz uma importante constatação:

Os processos judiciais são vagarosos em escala internacional e isso se deve às necessidades ditadas pelos valores socioculturais de isonomia das partes, certeza dos elementos sobre os quais se baseiam as decisões e a imposição de uma publicidade geral dos atos judiciais. (ROSA, 2004, p. 151).

Assim, diz que é de grande relevância um processo educacional que bem oriente a população sobre a "ordem jurídica existente e seu funcionamento", pois a falta de informação acarreta, muitas vezes, críticas e opiniões desfavoráveis. Não se tem pleno conhecimento "do que representam as formalidades processuais, em sua maioria, como garantia dos direitos de cada um, da liberdade individual e da realização de justiça verdadeira" (ROSA, 2004, p. 158).

E nesse sentido também dispôs Francesco Carnelutti (2003, p. 10): "uma certa educação jurídica estendida aos não juristas é um meio para combater as duas pragas sociais que são a delinquência e a litigiosidade". Dá, assim, realce à importância do valor educativo do direito e que o mesmo deveria ser ensinado nas escolas primárias.

Paulo Hamilton Siqueira Jr. (2006, p. 41) expõe que

> Nos domínios do direito constitucional processual procura-se buscar o ponto de equilíbrio entre o direito de liberdade e o poder-dever estatal de punir fatos ilícitos (controle social formal), ou seja, entre a plena expressão da personalidade humana e os interesses sociais, que se dá no plano fático por meio do exercício do direito processual.

Afirma que o processo, além da sua característica instrumental (composição das lides), com o advento do Estado Democrático, passou também a ter finalidade garantística (garantia da correta aplicação da lei). E que sob o prisma sociopolítico, o processo reafirma a vontade da lei, ou seja, "é o instrumento de reafirmação dos valores consagrados pela sociedade por meio da distribuição da justiça" (SIQUEIRA JR., 2006, p. 27-29).

E assim conclui:

62

A evolução do Estado Democrático e Social de Direito traz ao processo a finalidade de pacificação social. O desiderato do Estado é o bem comum. Para alcançar esse objetivo desenvolve várias atividades, dentre elas a prestação jurisdicional, que reafirma a vontade da lei e consagra o bem comum. A atividade jurisdicional do Estado, como manifestação de poder, tem por objetivo não só a composição da lide e garantia de direitos subjetivos, mas também a reafirmação de valores consagrados pela sociedade. Desse prisma, cumpre ao processo atingir dois objetivos: a vontade da lei ou a reafirmação dos valores da sociedade e a garantia de direitos subjetivos pela busca da verdade real. (SIQUEIRA JR., 2006, p. 28).

Cintra, Grinover e Dinamarco (2006, p. 43) expõem que hoje, estando o *Estado social* voltado para a plena realização dos valores humanos, coloca-se em destaque a sua função jurisdicional pacificadora, bem como da "necessidade de fazer do processo um *meio efetivo* para a *realização da justiça*". Ressaltam, todavia, que

Tudo que já se fez e se pretende fazer nesse sentido visa, como se compreende, à efetividade do processo como meio de acesso à justiça. E a concretização desse desiderato é algo que depende menos das reformas legislativas (importantes embora), do que da postura mental dos operadores do sistema (juízes, advogados, promotores de justiça). É indispensável a consciência de que o processo não é mero

63

instrumento técnico a serviço da ordem jurídica, mas, acima disso, um poderoso instrumento ético destinado a servir à sociedade e ao Estado. (CINTRA, GRINOVER E DINAMARCO, 2006, p. 51).

José Rogério Cruz e Tucci (2004, p. 284-287) expõe que, em razão da exigência de estabilidade e de segurança das relações jurídicas, está constitucionalmente consagrado o "selo da imutabilidade decorrente da coisa julgada". Mas que, "o dogma da coisa julgada passou a ser reapreciado [...] à luz de um valor ínsito à tutela jurisdicional, qual seja, o da *justiça das decisões*". E que, desse modo, a força dos *precedentes judiciais* supera este dogma, no binômio segurança-justiça, "em prol da *tutela jurisdicional justa*".

João Batista Lopes (2001, p. 20-21) ensina que

As exigências da vida moderna tornaram patente a necessidade de conferir ao processo, a par da certeza e da segurança jurídica, função social mais ambiciosa, qual seja, a pacificação com justiça. Expressões como "acesso à ordem jurídica justa", "instrumentalidade substancial", "efetividade do processo" etc. resumem os escopos dessa moderna corrente processual que repele a ideia de processo como mero instrumento técnico. De outra parte, os processualistas cada vez mais se convencem da necessidade de estudar o processo civil à luz dos princípios e garantias constitucionais. Exemplo dessa tendência é a frequente invocação do princípio do devido processo legal, do contraditório e da ampla defesa [...] É inquestionável que, ao menos no plano das ideias, o processo deve colimar resultados concretos e propiciar a realização da justiça.

Conceitua tutela jurisdicional diferenciada como sendo

> [...] o conjunto de instrumentos e modelos para fazer o processo atuar pronta e eficazmente, garantindo a adequada proteção dos direitos segundo os princípios, regras e valores constantes da ordem jurídica. (BATISTA LOPES, 2001, p. 30)

E menciona que "A introdução da tutela antecipada no estatuto processual pátrio traduziu inquestionável avanço técnico em perfeita harmonia com as tendências atuais de agilização e presteza da jurisdição" (BATISTA LOPES, 2001, p. 140), assim definindo-a:

> Trata-se [...] de decisão interlocutória (e não de sentença), por via da qual o juiz concede ao autor o adiantamento de efeitos da sentença de mérito com caráter satisfativo. Não se cuida, pois, de julgamento antecipado da lide, [...] mas de medida de caráter provisório que visa a tutelar mais eficaz e prontamente o direito do

65

autor sempre que ele preencher os requisitos exigidos pela lei. A cognição exercida pelo juiz é sumária e, portanto, não se reveste da definitividade que caracteriza a coisa julgada. [...] A tutela antecipada implica adiantamento de efeitos da sentença de mérito, enquanto a tutela cautelar se limita a garantir a utilidade do processo principal. (BATISTA LOPES, 2001, p. 40-41).

Explica, ainda, que "o processo não pode converter-se em instrumento de alteração da ordem jurídica, o que representaria indevida intromissão do Judiciário em atividade constitucionalmente confiada ao Legislativo" (BATISTA LOPES, 2001, p. 23), mas que pode fazer atuar efetivamente este ordenamento jurídico, ou seja, garantir o acesso à ordem jurídica justa.

José Roberto dos Santos Bedaque (2006) expõe que atualmente o que se vislumbra é o processo de resultados, no qual o instrumento estatal deve possibilitar a plena entrega jurisdicional, e que para isso, necessário se faz adequar a técnica processual a essa nova realidade. E assim dispõe:

A técnica constitui fator essencial à ideia de processo. [...] É fundamental que o instrumento atue segundo técnica adequada e apta a possibilitar que os fins sejam atingidos. [...] A técnica processual, em última análise, destina-se a assegurar o justo processo, ou seja, aquele desejado pelo legislador ao estabelecer o modelo constitucional ou devido processo constitucional. (BEDAQUE, 2006, p. 26).

Explica que

Processo jurisdicional é método de solução de controvérsias. Ao regular o procedimento a ele inerente, o legislador tem em vista esse objetivo. Para alcançá-lo com a devida segurança, estabelece regras a serem observadas pelos sujeitos envolvidos nessa atividade. O conjunto das normas que regem o procedimento constitui a *técnica processual*. (BEDAQUE, 2006, p. 80, grifo do autor).

E destaca dentre os princípios que a informam o da *economia*, consagrada constitucionalmente (art. 5º, LXXVIII) como instrumento de celeridade processual.

Comentando este artigo, acrescido por força da Emenda Constitucional nº 45, promulgada em 08.12.2004, Wambier, Wambier e Medina (2005, p. 25-27, grifo dos autores) expõem que ele "assegura a todos, tanto no âmbito do processo judicial quanto do processo administrativo, o *direito à razoável duração do processo*, bem como a meios que garantam que sua tramitação se dê de modo célere", assim concluindo:

> [...] *eficaz* é a tutela jurisdicional prestada *tempestivamente*, e não *tardiamente*. A prestação jurisdicional tardia, deste modo, pode ser considerada, no mais das vezes, uma *tutela jurisdicional VAZIA*, sem conteúdo. [...] Falar-se em Jurisdição estatal destituída de instrumentos que permitam *realizar no tempo devido* o Direito implicaria reduzir significativamente sua importância e razão de ser, especialmente se se considerar que, na sociedade moderna, cada vez maior tem sido a preocupação com a materialização dos direitos. Diante disso, em um Estado que se pretende *Democrático* e *de Direito*, que idealiza e se compromete com objetivos tidos por essenciais (CF, arts. 1º e 3º, *dentre outros*), deve a Jurisdição ser vista e estudada sob a ótica de ser integrante deste esforço ou, mais que isso, *realizadora prática* deste desiderato. [...] Como não basta proclamarem-se direitos, o Poder Judiciário deve ter como *proteger* e *realizar* tais direitos.

José Roberto dos Santos Bedaque (2006, p. 34) diz que "[...] a eliminação de formalidades inúteis constitui dado a ser levado em conta pelo legislador na regulamentação da técnica processual".

Cita como opções relacionadas com a técnica processual a predominância da palavra oral sobre a escrita (oralidade), a maior ou menor profundidade da cognição, o regime da preclusão e a restrição ou ampliação da iniciativa probatória do juiz, dentre outras.

As técnicas processuais servem, pois, para dar efetividade ao processo, seja através da adoção de meios coercitivos, seja através da simplificação, como a penhora *on line* e as constantes reformas que visam diminuir as exigências e requisitos formais. Exemplo disso é a unificação dos procedimentos de conhecimento, liquidação e execução de sentença judicial, introduzida pela Lei 11.232/2005. A tão debatida Súmula Vinculante também poderá trazer, além da celeridade, maior segurança jurídica e redução dos recursos.

José Roberto dos Santos Bedaque (2006) expõe, ainda, que as regras processuais devem ser simples e claras, mais flexíveis e menos formais, visando ao seu fim precípuo, pelo que menciona seus dois grandes objetivos:

> a) conferir segurança ao instrumento, no sentido de proporcionar absoluta igualdade de tratamento aos sujeitos parciais do processo, possibilitando-lhes influir substancialmente no resultado; b) garantir seja a tutela jurisdicional,

69

na medida do possível, resposta idêntica à atuação espontânea da regra de direito material, quer do ponto de vista da justiça da decisão, que pelo ângulo da tempestividade. (BEDAQUE, 2006, p. 78).

E conclui que "É necessário repensar a técnica processual, para adequá-la aos seus objetivos – quais sejam: conferir segurança ao processo e garantir a tempestividade e a efetividade da tutela" (BEDAQUE, 2006, p. 572), mencionando, ainda, que dependendo a situação, sua não-observância deve ser relevada.

E diz em relação ao juiz:

Deve o juiz buscar a razão de ser da técnica processual para, consciente do valor por ela assegurado, verificar as consequências da violação à regra que estabelece. [...] Observadas determinadas premissas, está o juiz autorizado a flexibilizar a técnica processual. (BEDAQUE, 2006, p. 572)

Percebe-se, assim, que o processo se realiza por meio do procedimento, o qual deve ser seguido pelos sujeitos envolvidos, utilizando-se das técnicas processuais adequadas, as quais devem proporcionar segurança e efetividade na prestação da tutela jurisdicional.

O sistema processual, em suma, está em constante evolução, modernizando-se segundo as novas necessidades humanas e ao progresso científico e tecnológico.

Verifica-se, ainda, na era da globalização, um íntimo estreitamento das relações entre os diversos países, o que demanda uma constante atualização na ordem jurídica mundial. Cita-se, como exemplo, a Convenção Americana sobre Direitos Humanos, ratificada pelo Brasil e integrada no nosso ordenamento jurídico.

Um sistema processual, pois, vivo e operante, reflete sobremaneira na vida e formação do Estado e dos seus cidadãos. Daí a necessidade dele não somente ser vivo e operante, mas que também e principalmente, atenda a todos os anseios desta mesma população.

O PAPEL DO JUIZ

No exercício do poder jurisdicional se encontra a figura do juiz.

É ele quem vai ordenar e conduzir o processo, ouvir as partes e testemunhas, examinar e avaliar as provas produzidas, proferir um julgamento e fazer a entrega da prestação jurisdicional.

Nas suas mãos está o poder e a autoridade do Estado de fazer aplicar a lei.

Mas não é só. No fundo está um papel social, de promover a paz e a ordem na sociedade.

E sua função não é somente julgar, mas especialmente dar oportunidade às partes de se conciliarem.

A conciliação é, pois, uma forma antiga e atualíssima de trazer a bom termo uma demanda judicial, pois nela está mais presente a paz verdadeira entre os litigantes, pois não há vencido nem vencedor, ao passo que numa sentença judicial há uma coerção ao cumprimento daquilo que foi decidido, saindo quase sempre o vencido insatisfeito.

Assim, o papel do juiz é de suma importância, uma vez que, infrutífera a conciliação, o seu julgamento deve expressar justiça, de modo que devolva efetivamente a paz, saindo as partes, e a sociedade indiretamente, satisfeitas com a decisão proferida.

Justino Magno Araújo (2004, p. 15-16) diz que o desafio do Judiciário no novo milênio é

> responder aos anseios da população, de forma efetiva, todas as vezes que for chamado a intervir, para resolver os conflitos que envolvam o Estado ou não (particular **versus** particular ou particular **versus** Estado) em busca de uma ordem jurídica mais justa. Para isso, o juiz deverá ser um homem de seu tempo, sintonizado com as grandes conquistas sociais, atento às rápidas transformações de um mundo cada vez mais globalizado, no qual os direitos humanos assumem posição de relevo, ao lado de outros igualmente importantes, como a tutela dos interesses difusos e coletivos, do meio ambiente e do consumidor, vale dizer, plenamente identificado com os valores sociais, políticos e jurídicos na aplicação da Justiça. A decisão judicial deverá pautar-se, cada vez mais, como um produto da reflexão sobre esses valores.

Diz, ainda, que não se pode pensar em Estado de Direito no qual não haja magistratura independente. E que por Estado de Direito se entende aquele que apresenta as seguintes características: a lei, como manifestação da vontade popular; um regime de separação de poderes; a legalidade da administração (o Governo atuando em conformidade com as normas de Direito e submetido a um controle jurisdicional); e um regime que garanta efetivamente os direitos e as liberdades públicas. Cita William O. Douglas (Anatomia da liberdade, Rio de Janeiro: Zahar, 1965, p. 96) ao dispor que

> [...] um Judiciário independente é condição *sine qua non* para uma sociedade livre. Onde ficam sujeitos ao Poder Executivo ou ao Legislativo, os juízes tornam-se instrumento de expressão dos critérios ou caprichos dos detentores do poder. (DOUGLAS apud ARAÚJO, 2004, p. 42).

E finaliza que, na concepção ocidental, o conceito de justiça há de estar necessariamente ligado ao de democracia.

José Renato Nalini (2001) expõe que o juiz do novo milênio não deve ser escravo da lei, no sentido literal desta, mas ter a consciência de seu papel social, de um solucionador de conflitos, um harmonizador da sociedade, que deve trabalhar mais próximo à equidade do que à legalidade, ouvindo as partes e tentando dar uma resposta consensual, "utilizar-se do processo como instrumento de realização da dignidade humana e não como rito perpetuador de injustiças" (NALINI, 2001, p. 309).

Gisele Santos Fernandes Góes (2004, p. 4-9) lembra que "Pelo positivismo Jurídico tem-se uma autolimitação à lei e estabilidade do direito". Mas que a argumentação jurídica não deve buscar as considerações formais, e sim, preocupar-se com os fins, pois, "no finalístico, prevalecem os argumentos teleológicos ou valorativos e, aí sim, uma verossímil solução justa". E ressalta:

> O limite manifesto a esse poder criativo da magistratura é o da obrigatoriedade de utilização de argumentação racional no corpo da decisão judicial que, no Brasil, está explicitamente consagrada no texto constitucional, art. 93, IX, por intermédio do princípio da motivação de todas as decisões judiciais, sob pena de nulidade. [...] Aplicar o direito consiste na tarefa de tomar o fato e entranhá-lo no enunciado jurídico adequado. Logo, o ajuste do enunciado jurídico pelo magistrado aos novos costumes e

valores sociais é capital. (GÓES, 2004, p. 10-12).

Define, assim, "proporcionalidade" como sendo

> o princípio dos princípios do ordenamento jurídico e está assentada sobre a teoria da argumentação, tendo em vista a necessária fundamentação que toda decisão judicial requer. Por isso, é dimensionada sobre três elementos: a necessidade, a adequação e a proporcionalidade em sentido estrito. (GÓES, 2004, p. 60).

Ensina, ainda, Gisele Santos Fernandes Góes (2004, p. 61), que a *razoabilidade* é um princípio que para o seu exercício basta que se "dê preferência para o razoável, o aceitável socialmente [...] ou dentro da lógica do razoável [...]".

Fábio Ulhoa Coelho (2001, p. 34 e 55-56) fala a respeito da lógica jurídica, no sentido de que ela "não é instrumento de ampliação de conhecimento, mas de organização do raciocínio" e que, para ser lógico, o Direito não pode ser múltiplo, nem ter antinomias (conflito entre normas jurídicas – resolvem-se pelos critérios cronológico, hierárquico e da especialidade) ou lacunas (a

76

ausência de lei para um caso concreto – resolve-se pela regra da analogia, apelo aos costumes ou aos princípios gerais).

Francesco Carnelutti (2003a, p. 48-50) expõe que os conflitos surgem e aí entra em jogo a figura do juiz, "verdadeiramente uma figura de primeiro plano":

> Assim, ao lado da lei, coloca-se o juízo como um dos institutos fundamentais do direito. [...] O juízo sugere naturalmente a figura do juiz, no qual a ciência do direito reconhece cada vez mais o órgão elementar do direito. [...] Então, em lugar da parte, o juiz atua com a sentença, integrando a lei no sentido de que transforma o mandato abstrato e geral da lei em um mandato concreto e particular.

Francesco Ferrara (2005, p. 9-26) ensina que

> O direito opera por comandos abstratos. Mas a realização forçada destes comandos efetua-se por imposição judiciária. O juiz é o intermediário entre a norma e a vida: é o instrumento vivo que transforma a regulamentação típica imposta pelo legislador na regulamentação individual das relações dos particulares; que traduz o comando abstrato da lei no comando concreto entre as partes, formulado na sentença. O juiz é a viva *vox iuris*. O juiz, porém, está submetido às leis, decide como a lei ordena; é o executor e não o criador da lei. A sua função específica consiste na aplicação do direito. [...] O conhecimento do direito é pressuposto no magistrado, em virtude

da função de que se reveste. [...] A aplicação das leis envolve, por consequência, uma tríplice investigação: sobre a existência da norma, sobre o seu significado e valor, e sobre a sua aplicabilidade. [...] Mas a atividade central que se desenvolve na aplicação da norma de direito é a que tem por objeto a interpretação. [...] A missão do intérprete é justamente descobrir o **conteúdo real** da norma jurídica, determinar em toda a plenitude o seu valor, penetrar o mais possível (como diz Windscheid) na alma do legislador, reconstruir o pensamento legislativo. Só assim a lei realiza toda a sua força de expansão e representa na vida social uma verdadeira força normativa. [...] A interpretação deve ser objetiva, equilibrada, sem paixão, arrojada por vezes, mas não revolucionária, aguda, mas sempre respeitadora da lei. Aplica-se a interpretação a todas as leis, sejam claras ou sejam obscuras, pois não se deve confundir a interpretação com a dificuldade da interpretação. [...] O jurista há de ter sempre diante dos olhos o fim da lei, o resultado que quer alcançar na sua atuação prática; a lei é um ordenamento de proteção que entende satisfazer certas necessidades, e deve interpretar-se no sentido que melhor responda a esta finalidade, e, portanto, em toda a plenitude que assegure tal tutela. A interpretação é atividade **científica** livre, indagação racional do sentido da lei, que compete aos juristas teóricos e práticos. [...] A interpretação é uma atividade **única** complexa, de natureza lógica e prática, pois consiste em induzir de certas circunstâncias a vontade legislativa.

Diz, ainda, que a interpretação socorre-se de vários meios. Primeiramente, vale-se da linguística, buscando-se o sentido literal (gramatical). Em seguida, utiliza-se da interpretação lógica ou racional, inspirando-se na gênese histórica e na conexão com outras normas e em todo o sistema, visualizando a finalidade prática da norma. O resultado da interpretação pode ser da concordância entre o resultado da interpretação lógica e o da gramatical – **interpretação declarativa**, como também discordante, gerando uma **interpretação restritiva** (quando se reconhece que o legislador, embora tenha se exprimido em forma genérica e ampla, tinha por objetivo referir-se a uma classe especial de relações), **extensiva** (quando o legislador designa espécie, quando na verdade queria aludir ao gênero, formulando um conceito que deveria valer para toda uma categoria), ou ainda, **abrogante** (quando se verifica a absoluta contraditoriedade e incompatibilidade de uma disposição de lei com outra norma supra-ordenada e principal).

Dispõe que há, ainda, a chamada **interpretação evolutiva**, uma vez que uma disposição jurídica pode ganhar, com o tempo, um sentido novo que os intérpretes nunca lhe tinham atribuído e que também não estava nas previsões do legislador, ressalvado, já se entende, que daí não venha contradição com outras disposições ou desarmonia com o sistema. A interpretação evoluciona e satisfaz novas necessidades, sem todavia mudar a lei. A lei lá está; mas, porque a sua *ratio*, como força vivente móvel, adquire com o tempo colocação diversa, o intérprete sagaz colhe daí novas aplicações. (FERRARA, 2005, p. 65).

Expõe que o direito, como toda ciência, estabelece conceitos, os quais devem compor uma unidade sistemática, devendo ser organizado e simplificado, de modo a atingir uma expressão adequada e precisa. E que, "o conjunto dos meios e processos que servem para tal objetivo constitui o **método jurídico**" (FERRARA, 2005, p. 66-67).

Chega-se à arte da decisão:

O juiz terá de adaptar a norma abstrata à situação de fato, terá de sotopor o caso controverso aos princípios exatos que o governam, de escolher, isto é, que princípios são de aplicar na hipótese (**atividade de subsunção**). [...] A atividade judiciária, porém, não se reduz ao trabalho de subsunção dos fatos à norma de direito. Apertar nestes limites a função do juiz é concepção falsa e estreita. Pois o juiz não é um autômato de decisões; é um homem pensante, inteligente, e partícipe de todas as ideias e conhecimentos que formam o patrimônio intelectual e a experiência do seu tempo. Ao julgar, portanto, o juiz utiliza, e deve utilizar, conhecimentos extrajurídicos que constituem elementos ou pressupostos do raciocínio. Verdades naturais ou matemáticas, princípios psicológicos, regras do comércio ou da vida social compõem um acervo inesgotável de noções do saber humano, de que o juiz todos os dias se serve no desenvolvimento da sua atividade. Tais são os **princípios de experiência**, definições ou juízos hipotéticos de conteúdo geral, ganhos por observação de casos particulares, mas elevados a princípios autônomos com validade para o futuro. (FERRARA, 2005, p. 77-79).

Rizzato Nunes (2004, p. 286) ao tratar do tópico "a intuição e o direito: um novo caminho" dispõe que

> O estudo da intuição é certamente caro a vários setores de investigação do Direito. É importante para o aplicador da lei, em especial ao juiz, na busca e descoberta da verdade. É fundamental a todos aqueles que aspiram a justiça, pensando numa melhor alternativa para sua distribuição. É instrumento básico para o cientista e o filósofo, na busca, tentativa e encontro daquilo que há de essencial no Direito, procurando ultrapassar a barreira congelada do dogmatismo, alcançando o novo e trazendo-o à luz da comunidade como uma descoberta autêntica e efetiva.

Tem-se, assim, que a verdade real é o escopo almejado do processo, de modo a dar efetivamente a cada um o que é seu, fazendo-se justiça; porém, em vista da segurança jurídica e da própria ordem processual que deve ser respeitada, há que se admitir decisões que tenham por fundamento a verdade formal.

Cumpre ressaltar, ainda, que as grandes transformações ocorridas no direito processual trouxeram também uma ampliação dos poderes do juiz. Segundo Justino Magno Araújo (2004, p. 30), trata-se da

> consagração do princípio da probidade, por meio do qual todos os sujeitos do processo devem manter uma conduta ética adequada, de acordo com os deveres de verdade, moralidade e probidade em todas as fases do procedimento.

Cabe ao juiz, enfim, velar pela rápida solução do litígio, podendo

> ordenar ou indeferir provas e diligências (art. 130), indeferir perguntas às testemunhas (art. 416, §§ 1º e 2º), determinar a condução de testemunhas (art. 412), julgar antecipadamente a lide (art. 330), determinar a reunião de processos (art. 105), tentar conciliar as partes a qualquer tempo (art. 125, II). (ARAÚJO, 2004, p. 31).

Benjamin Nathan Cardozo (2004, p. 92) aduz que

> O direito deve ser estável, e, contudo, não pode permanecer imóvel. [...] A vitória não é para os

82

partidários de uma lógica inflexível e nem para os niveladores de todas as regras e precedentes, mas é para aqueles que souberem fundir essas duas tendências numa adaptação a um fim ainda que imperfeitamente discernido.

Justino Magno Araújo (2004) lembra da importância das Escolas da Magistratura, não apenas como preparo intelectual, mas também como fonte de aperfeiçoamento e acompanhamento da evolução do direito. E cita, por fim, uma expressiva advertência de Balzac: "Desconfiar da magistratura é um princípio de dissolução social [...] Reconstruí a instituição noutras bases; pedi-lhe imensas garantias [...] mas confiai nela" (BALZAC apud ARAÚJO, 2004, p. 33).

Vê-se quão importante o Poder Judiciário para uma nação.

Se o chefe do Poder Executivo não dirige bem o país, pode-se exigir sua renúncia ou seu *impeachment*; os maus legisladores são extirpados pelo voto popular; mas o Poder Judiciário carrega consigo toda a esperança de uma nação, não podendo jamais trair sua confiança, pois nele está inserida a **justiça**, ideal humano, de onde sobrevêm a ordem, a liberdade e a paz.

Afigura-se, pois, o juiz como ponto central e primordial na difícil tarefa de conduzir e garantir um processo justo, équo, imparcial, célere e eficaz, contribuindo sobremaneira para a consolidação do Estado Democrático.

A JUSTIÇA

Walter Vieira do Nascimento (2005, p. 1-2) diz que a 'justiça' de Platão tem por objeto o bem absoluto, havendo um dualismo entre o mundo do bem (do dever-ser) e do mal (do não-dever-ser), relacionando-se a ideia de justiça a uma ideia de retribuição. "Assim, se a uma ou a outra pessoa se assegura o que é seu, a regra há de valer com o significado de que todos são iguais, porém, proporcionalmente ao mérito de cada um".

Diz que Aristóteles, distinguindo a justiça em natural e formal, "sustentava que a primeira, imutável e eterna, independia da vontade humana, enquanto a segunda, para adquirir eficácia, dependia de ser sancionada" (NASCIMENTO, 2005, p. 5). E que, desse modo, confundia-se a ideia de justiça com a ideia de direito, tendo, de um lado, o direito natural (como criação divina) e, de outro, o direito positivo (como criação humana).

Rizzato Nunes (2004, p. 345), tratando a respeito da **Justiça e igualdade**, dispõe:

> É preciso que coloquemos, então, o que todos sabem: o respeito ao princípio da igualdade impõe dois comandos. O primeiro, de que a lei não pode fazer distinções entre as pessoas que ela considera iguais – deve tratar todos do mesmo modo; o segundo, o de que a lei pode – ou melhor, deve – fazer distinções para buscar igualar a desigualdade real existente no meio social, o que ela faz, por exemplo, isentando certas pessoas de pagar tributos; protegendo os idosos e os menores de idade; criando regras de proteção ao consumidor por ser ele vulnerável diante do fornecedor etc.

Faz referência, ainda, ao problema da lei ser justa ou injusta, porquanto justa se presume que ela seja. Menciona também a questão da **Justiça e vontade**, retratando que no mundo atual nem sempre a vontade é aquela expressada de fato, ante a indução ou necessidade que engana ou domina a própria vontade livre.

Flamarion Tavares Leite (2006, p. 5), em seu estudo filosófico, vem demonstrar que "A história da Filosofia do Direito revela que em todas as épocas se meditou sobre o problema do Direito e da Justiça, evidenciando que esta questão

86

corresponde à necessidade natural e constante do espírito humano".

Expõe que a filosofia jurídica tem seu início com os sofistas e que para Trasímaco a justiça era a expressão do direito dos mais fortes. Para Sócrates, a justiça consistia no conhecimento e, portanto, na observância das verdadeiras leis que regem as relações entre os homens, tanto das leis da cidade como das leis não-escritas. Assim, o justo não se esgota no legal, posto que acima da justiça humana existe uma justiça natural e divina. A justiça e as demais virtudes passam a ser sabedoria. A virtude é única e se identifica com a sabedoria que é o maior dos bens. Já Platão apresenta a justiça como a virtude do cidadão ou do filósofo. Justiça é não subverter a situação originária da ordem, apoderando-se do alheio. Aristóteles tratou da aplicação da lei abstrata aos casos concretos, sugerindo um corretivo da rigidez da justiça: a equidade. No Direito Romano, Cícero vem expor que a ciência do direito nasce da filosofia, a qual ensina que há nos homens uma razão comum, que provém de Deus, que é a própria lei. A todos a quem se concedeu razão concedeu-se reta razão (*recta ratio*) e, com ela, a lei, que não é outra coisa senão a reta razão, na medida em que manda ou proíbe. As leis humanas só são leis na medida em que participam, derivam, da lei natural. A realização da justiça é o fim essencial da sociedade política. Para Cícero, o Estado não surge de uma convenção, mas brota da própria natureza e se desenvolve naturalmente na história. No Estado estão misturados os elementos imutáveis da lei natural e as regras do direito positivo. Para Ulpiano, os preceitos fundamentais do direito são: viver honestamente; não prejudicar ninguém; dar a cada um o que é seu. Assim, a jurisprudência Romana se desenvolve sob a influência da doutrina do direito natural herdada do pensamento grego.

Demonstra, pois, que a Filosofia do Direito, estudada e praticada atualmente, provém dos fundamentos lançados pelos gregos, absorvidos pelos romanos e cultivados pela civilização cristã. O cristianismo também apresenta características próprias na concepção do direito.

Em consequência da absoluta transcendência de Deus, o direito natural passa a identificar-se com a vontade desse mesmo Deus e torna-se teocêntrico. A ideia de justiça completa-se com a ideia do amor ou caridade, princípios da fé. A justiça toma um conteúdo ético na consciência do indivíduo, torna-se relação viva e existencial entre o homem e Deus. Hugo Grócio, considerado o fundador da moderna filosofia do direito, define o direito como a faculdade de ter ou de fazer qualquer coisa que resulte do poder sobre si, do poder sobre outros ou do poder sobre as coisas. O direito não aparece mais como um dos aspectos do justo em si, mas como uma criação do homem, que, guiado pelo instinto de sociabilidade, vai fazer da regra *pacta sunt servanda* o fundamento de toda vida jurídica e social, nacional e internacional. O direito não é mais o justo adaptado às situações reais, mas uma criação livre e voluntária da razão humana. E conclui que a autonomia da vontade passa a ser a base de todo o sistema jurídico.

Dante Alighieri (2003, p. 23-25) afirma que

a justiça, em si mesma e considerada na sua própria natureza, é uma certa retidão ou regra, que exclui completamente a falsidade. [...] Como o bem mais precioso é o de viver em paz e que a justiça é a causa mais eficaz da paz, a caridade só pode reforçar a justiça, e tanto mais a reforçará quanto mais forte ela for.

Para Aristóteles (2006, p. 106), "a justiça não é uma parte da virtude, mas a virtude inteira; nem seu contrário, a injustiça, é uma parte do vício, mas o vício inteiro".

Francesco Carnelutti (2003b, p. 69) aduz que "O conceito de justiça, na verdade, resolve-se no da igualdade, e que a lei seja igual para todos é o primeiro de seus princípios".

André Comte-Sponville (2004) retrata que "A justiça se diz em dois sentidos: como conformidade ao direito (*jus*, em latim) e como igualdade ou proporção". Também se fala em 'justiça social' quando se defronta com a grande diferença na distribuição das riquezas. A justiça se situa no duplo respeito à legalidade e à igualdade. Diz que o ideal é que leis e justiça caminhem no mesmo sentido, mas alerta:

Lei é lei, seja justa ou não. Mas ela não é, portanto, a justiça, o que nos remete ao segundo sentido. Não mais a justiça como fato (a legalidade), mas a justiça como valor (a igualdade, a equidade) ou, aí estamos, como virtude. Esse segundo ponto concerne à moral, mais que ao direito. Quando a lei é injusta, é justo combatê-la – e pode ser justo, às vezes, violá-la. (COMTE-SPONVILLE, 2004, p. 73)

Citando Hobbes e Spinoza, diz que toda justiça é humana, histórica, ou seja, não há justiça sem sociedade. E também, que não há sociedade sem justiça. Que até uma comunidade de malfeitores, para subsistir, necessita que respeitem entre si certa justiça, pelo menos, distributiva. Aponta, ainda, uma pequena diferença em Hume, no sentido de que não há justiça na solidão absoluta. Enfim, demonstra a utilidade e a necessidade da justiça para a existência da sociedade, mas que seria "um equívoco sonhar uma legislação absolutamente justa, que bastaria aplicar" (COMTE-SPONVILLE, 2004, p. 93).

Mostra, ainda, a advertência de Aristóteles, de que a justiça não poderia estar toda contida nas disposições necessariamente gerais de uma legislação e que, por isso, ela é, em seu ápice, a equidade. O equitativo não é o justo de acordo com a lei, mas um corretivo da justiça legal; é o justo tomado independentemente da lei escrita; é a justiça viva e concreta – justiça verdadeira. Diz, ainda, que ela não dispensa a misericórdia, no sentido de que, para ser equitativo, o juízo precisa ter superado o ódio e a cólera.

Felippe Augusto de Miranda Rosa (2004, p. 50-51) traz a seguinte definição de justiça:

> Ideia e valor, valor e ideia, configuram o que é justo e definem o que seja Justiça, no sentido de Justiça-ideia, Justiça-valor, em contraposição à Justiça-Instituição. O que seja justo é assim um conceito sociocultural. [...] Como se sabe, o conceito do justo é o cerne do conceito de Justiça. Este possui duas acepções básicas: a) Justiça-valor, que abrange aspectos racionais, ideativos e do sentir, e b) Justiça-instituição, locus ideal daquele, por meio da qual a Justiça-valor alcança a sua concretude (o aparelho judicial do Estado).

Esclarece, contudo, que não é somente o aparelho judicial do Estado que constitui Justiça-instituição, mas também outras instituições sociais, incluindo as religiosas, que atuam para a realização da Justiça-valor.

Gabriel Benedito Issaac Chalita (2003, p. 107) assim expõe:

92

A justiça é a excelência mais completa exatamente porque sintetiza as outras excelências. Ela é ao mesmo tempo individual e coletiva. Não há possibilidade de ser justo comigo mesmo sem ser justo com o outro. [...] A consciência é uma boa sinalizadora do sentido da justiça. Enganar o outro é enganar a sociedade, é quebrar um contrato que se faz para que exista harmonia no mundo. [...] em sentido mais elevado, a justiça é a disposição da alma que conduz as ações do indivíduo segundo as formas mais completas da excelência moral. Toda ação virtuosa, afinal, é necessariamente justa, e a justiça poderia ser o nome que damos à prática costumeira e firme de realizar tudo conforme o meio-termo de nossas disposições interiores. Sem exageros. Sem excesso.

Diz que a justiça distributiva confere a cada um segundo suas responsabilidades, atribuições e posses (exemplifica que um guarda de trânsito pode lavrar multas, poder este não conferido ao motorista). Assim, "o caráter distributivo da justiça garante a coesão, a estabilidade e o 'bom funcionamento' do grupo social". Já a justiça corretiva diz respeito às relações interpessoais (exemplo: relações comerciais), permitindo o equilíbrio dessas relações (CHALITA, 2003, p. 113-114).

Acrescenta, ainda, Gabriel Benedito Issaaac Chalita (2003, p. 125-126): "A verdadeira justiça nasce da alma, é um poder de deliberação cuja força provém do espírito [...] É a pessoa que tem o poder e a responsabilidade de fazer com que as leis estejam a serviço da justiça e da felicidade".

Giorgio Del Vecchio (2005) diz que a verdadeira e primeira fonte de direito é o espírito, diante da natureza humana, e que dois critérios precisam ser considerados em conjunto: o da **juridicidade** (forma lógica que compreende todas as experiências jurídicas) e o da **justiça** (verdade ética nas relações intersubjetivas, ideal absoluto da justiça).

E assim se expressa Francesco Carnelutti (2003a, p. 61):

> Não há dúvida de que direito e justiça não são a mesma coisa. Há entre eles a relação de meio para fim: direito é o meio; justiça é o fim. O produto fornecido pelas oficinas do direito é bom ou mal de acordo com que sirva ou não sirva à justiça. [...] A justiça é a condição da paz. [...] A paz é um estado da alma que extingue o desejo de mudança. [...] O direito é justo quando serve realmente para pôr ordem na sociedade.

Rui Barbosa (2004) diz que na democracia o eixo é a justiça, a qual não pode falsear em seu mister, pois todo o sistema cairia em desordem e subversão, ruindo a organização constitucional. Ressalta, assim, a importância de duas instituições: a magistratura e a advocacia.

Lembra, ainda, que "justiça atrasada não é justiça, senão injustiça qualificada e manifesta. Porque a dilação ilegal nas mãos do julgador contraria o direito escrito das partes, e, assim, as lesa no patrimônio, honra e liberdade" (BARBOSA, 2004, p. 53). E conclui:

> Não há justiça, onde não haja Deus. [...] O gênero humano afundiu-se na matéria, e no oceano violento da matéria flutuam, hoje, os destroços da civilização meio destruída. Esse fatal exercício está clamando por Deus. Quando ele tornar a nós, as nações abandonarão a guerra, e a paz, então, assomará entre elas, a paz das leis e da justiça, que o mundo ainda não tem, porque ainda não crê. À justiça humana cabe, nessa regeneração, papel essencial. (BARBOSA, 2004, p. 59).

Aponta que na missão do advogado também se desenvolve uma espécie de magistratura e que as duas se entrelaçam, sendo idênticas no objeto e na resultante: a justiça. "Com o advogado, justiça militante. Justiça imperante, no magistrado" (BARBOSA, 2004, p. 59).

E finaliza: **"Não servir sem independência à justiça, nem quebrar da verdade ante o poder"** (BARBOSA, 2004, p. 59, grifo nosso).

Portanto, indubitável que a justiça é o anseio maior, vislumbrada por todos, mesmo não estando no coração de todos.

A corrupção e tantos outros vícios a apagam da mente e do coração de muitos, como se fosse possível viver sem justiça.

A justiça é o véu mais nobre, que cobrindo os rostos em conflito, entrega o que de direito a quem de direito.

Mesmo que não seja possível visualizá-la por completo, deve-se buscá-la integralmente. Ela tem dentro de si um começo de verdade, que somente é completa em Deus.

Aos homens, portanto, incumbe a tentativa de aplicá-la, buscando-a na equidade e na prática da educação e das virtudes.

A EDUCAÇÃO E AS VIRTUDES

Já na Grécia antiga surgia o pensamento pedagógico, desdobrando-se em várias correntes.

Os sofistas, uma classe de filósofos, tiravam seu sustento através da transmissão de conhecimentos. Mas, segundo Sócrates, eles estavam mais comprometidos com os interesses da clientela do que com a verdade.

"Para Sócrates, educação era outra coisa: o objetivo deveria ser a sabedoria, isto é, conhecer o mundo e a si mesmo" (NOVA ESCOLA, 2006, p. 8).

Platão e Aristóteles herdaram de Sócrates a dedicação pela busca da verdade, mas em caminhos opostos. Seguem-se, assim, duas vertentes: a idealista, de Platão; e a realista, de Aristóteles.

E os grandes pensadores vão se formando, neste mundo filosófico e também da educação.

Dizia Platão: "A educação deve propiciar ao corpo e à alma toda a perfeição e a beleza que podem ter". Aristóteles já alertava: "Onde quer que se descuide da educação, o Estado sofre um golpe nocivo". Santo Agostinho ensinava: "Não se aprende pelas palavras, que repercutem exteriormente, mas pela verdade, que ensina interiormente". Tomás de Aquino expunha: "O mestre provoca conhecimento ao fazer operar a razão natural do discípulo". Martinho Lutero dizia: Quando a escola progride, tudo progride". Para John Locke, "Os homens são bons ou maus, úteis ou inúteis, graças a sua educação". Friedrich Froebel, o criador dos jardins-de-infância, aduzia: "Por meio da educação, a criança vai se reconhecer como um membro vivo do todo". Augusto Comte assim pensava: "Toda educação humana deve preparar cada um a viver para os outros". Dizia Anísio Teixeira: "Democracia, essencialmente, é o modo de vida social em que cada indivíduo conta como uma pessoa". E para Michel Foucault, "As luzes que descobriram as liberdades inventaram também as disciplinas". (NOVA ESCOLA, 2006).

Visualiza-se, assim, através dos tempos, quão importante é o papel da educação no mundo.

Essa importância também se dá diante da relação que tem a educação com toda forma de vida humana.

Flávia Shilling (2005, p. 42) expõe que

> As desigualdades e as violações foram potencializadas ao longo dos séculos. Isso se deu, principalmente, em virtude da ausência de um sistema nacional de educação que fosse capaz de criar um pensamento coletivo, uma unidade de orientação para o país. As distâncias socioeconômicas foram sendo expandidas por meio das diferenças entre uma larga massa de analfabetos e uma minoria de indivíduos instruídos [...]

Demonstra, ainda, que, fazendo-se uma análise histórica da educação no Brasil, ela revela que

> Ao destruir e / ou ao bloquear os caminhos por onde deveriam fluir as ações construtoras de uma paisagem social mais humana e justa, os setores preponderantes produziram, ao longo dos séculos XIX e XX, múltiplas formas de violências (analfabetismo, pobreza, miserabilidade, fome e outras privações,

99

exclusão política, clientelismo, autoritarismo, entre outros) que comprometeram inteiramente o devir da nação brasileira. (SHILLING, 2005, p. 53-54).

Ao tratar da cidadania, Flávia Shilling (2005) aponta a análise de T.H. Marshall na Inglaterra, adotando a classificação comum de direitos em **civis** (garantias como o direito à vida, à segurança, à liberdade, à igualdade), **políticos** (direitos relativos à participação política, como de votar e ser votado) e **sociais** (direito à educação, à saúde, à moradia, por exemplo).

Fala, também, das diversas forças – OAB, Igreja Católica, Associação Brasileira de Imprensa, entre outras - que trabalharam no desenvolvimento dos enunciados dos direitos fundamentais que resultaram expressos na Constituição Federal de 1988, visando a adoção de políticas públicas que proporcionem uma ordem social mais justa. E que a Constituição de 1988 baseia-se na **concepção comunitária** de constituição – os direitos fundamentais são enunciados de valores reconhecidos pela comunidade, expressos de forma vaga e

100

esquemática, constituindo um conjunto aberto de preceitos.

E complementa:

> A dignidade humana, pensada como autonomia ética de seres humanos socialmente situados, é o valor que fundamenta todos os demais direitos. Dos direitos fundamentais decorrem os princípios que orientam a organização do Estado e de todas as leis do país, que direcionam as prioridades e formas adequadas de ação dos governantes e que formulam os objetivos a serem alcançados pelo Estado e pela sociedade brasileira. (SHILLING, 2005, p. 72).

Aduz, desse modo, sobre a educação em direitos humanos ou educação para a democracia, apontando três elementos essenciais para sua realização: *a formação intelectual e a informação* (capacidade de conhecer para melhor escolher ou julgar); *a educação moral* (uma consciência ética, formada tanto de sentimentos quanto de razão); *a educação do comportamento* (enraizar hábitos de tolerância diante do diferente ou divergente, aprender a importância da cooperação e da subordinação do interesse pessoal ou de grupo ao interesse geral – bem comum).

Relaciona, ainda, os valores republicanos e democráticos para os quais os indivíduos deverão ser formados.

Republicanos: respeito às leis, ao bem público e responsabilidade no exercício do poder.

Democráticos: a virtude do amor à igualdade; o respeito integral aos direitos humanos; e o acatamento da vontade da maioria, legitimamente formada, porém com constante respeito pelos direitos das minorias.

Diz, também, a respeito da construção de escolas democráticas, que seriam espaços de exercício da autonomia, voltada esta para a tomada de decisões sobre todos os aspectos envolvidos no processo educacional, assim concluindo:

> A participação na tomada de decisões nas escolas democráticas, pela sua própria finalidade, acaba tendo também uma função pedagógica, quando se destacam entre os valores a serem desenvolvidos por uma educação para a democracia a tolerância, o respeito à diversidade e ao interesse público. (SHILLING, 2005, p. 149).

Assim, "O desenvolvimento da cidadania contemporânea tenta combinar os direitos individuais, civis, com os deveres para com o Estado, responsável pelo bem público" (SHILLING, 2005, p. 158).

Importante, pois, a concepção de educação proposta por Paulo Freire, que constitui numa educação libertadora e transformadora. Seria, assim, a "Libertação das injustiças históricas, econômicas, políticas e sociais, [...] a tradução dos direitos humanos em conquistas concretas e efetivas" (SHILLING, 2005, p. 167-168).

E enfatiza:

> A busca pela paz, segundo Freire, pressupõe uma confrontação justa e crítica dos conflitos existentes, que provocam a intolerância e a falta de solidariedade. Mas para o educador da utopia o mundo não prescinde da guerra para ser mundo. O homem não é o ser da guerra, mas do amor, da afetividade, da esperança e da utopia. Falta-lhe a abertura para aprender com a diversidade e buscar uma sociedade que consiga alcançar uma ética fundada no respeito às diferenças, isso significando conviver com elas, e não se isolar nos guetos multiculturais que não enfrentam os desafios de uma radicalidade democrática para a convivência plena de direitos e de deveres. (SHILLING, 2005, p. 170-171).

É através da educação que uma sociedade se transforma, ampliando horizontes, acumulando conhecimento, descobrindo o mundo e a si mesmo, enxergando as dificuldades e as divergências, sabendo que é no diálogo constante, aberto e sincero que se constrói a base do Direito e da justiça.

Contudo, a educação prima pela verdade e honestidade, ou seja, ela própria deve ser virtuosa, sob pena de não alcançar o bem comum.

A educação é como uma escada em que se pode subir ou descer: sendo bem aplicada, conduz ao céu; sendo falsa, causa destruição.

É, enfim, uma fonte, que pode gerar vida ou morte. São nas águas das virtudes que ela deve fazer jorrar.

Paulo Freire (1984, p. 81) assim expõe:

Enquanto a ação cultural para a libertação se caracteriza pelo diálogo, "somo selo" do ato de conhecimento, a ação cultural para a domesticação procura embotar as consciências. A primeira problematiza; a segunda "sloganiza". Desta forma, o fundamental na primeira modalidade de ação cultural, no próprio processo de organização das classes dominadas, é possibilitar a estas a compreensão crítica da verdade de sua realidade.

Flávia Schilling (2005, p. 239) conclui que

> o direito a ser educado é mais abrangente do que o próprio direito à educação. Diz respeito ao usufruto do sujeito de todas as conquistas e criações de que fomos capazes no processo histórico de construção do ser humano, na nossa longa jornada nas noites e dias dos tempos em que navegamos na matéria escura do Universo.

Importante ressaltar, ainda, a existência de comunidades "fora" do Estado, vivendo à margem dos direitos fundamentais e submetidas à ações de criminosos e até mesmo de violência policial. Onde faltam os direitos humanos, faltam o Estado e suas instituições – justiça, lei e polícia -, que são trocadas pela violência, ao abandono da cidadania.

Para Eros Roberto Grau (2003b, p. 196),

> Sociedade livre é sociedade sob o primado da liberdade, em todas as suas manifestações e não apenas enquanto liberdade formal, mas sobretudo, como liberdade real. Liberdade da qual, neste sentido, consignado no art. 3º, I, é titular – ou co-titular, ao menos, paralelamente ao indivíduo – a sociedade. Sociedade justa é aquela, na direção do que aponta o texto constitucional, que realiza justiça social [...]

Solidária, a sociedade que não inimiza os homens entre si, que se realiza no retorno, tanto quanto historicamente viável, à *Geselschaft* – a energia que vem da densidade populacional fraternizando e não afastando os homens uns dos outros.

Vê-se, pois, que a educação está intimamente relacionada com a vida e a dignidade das pessoas.

A educação é que torna possível a *mobilidade* e *inclusão social*.

É através da igualdade de oportunidades que a sociedade progride. Uma sociedade bem educada não se ocupa tanto com questões de violência, pois esta é gerada pela falta de orientação para uma vida plena, para a qual todos os homens estão predispostos.

É na educação, no trabalho e na ausência de ociosidade que se pode vislumbrar um futuro melhor para todos.

Cita-se aqui, um dado até certo ponto curioso, extraído do Almanaque Abril:

Apesar da desigualdade, o Brasil é apontado pela ONU como o país com a maior mobilidade social do mundo. O termo diz respeito às oportunidades que os indivíduos de uma sociedade têm de subir ou descer na escala social. De cada 100 empresários bem-sucedidos no Brasil, 82 construíram a própria riqueza. (Almanaque Abril, 2006, p. 155).

Felippe Augusto de Miranda Rosa (2004), também destaca a importância do Direito nas funções educativa, conservadora e transformadora. Educativa no sentido de que a norma jurídica molda a opinião social, convencendo-a de que é socialmente útil e bom agir de conformidade com o que ela preceitua. Conservadora, ao traduzir em garantia das instituições e valores socialmente aceitos. Transformadora, ao refletir as necessidades de modificações na sociedade, orientando-a nessa mudança.

E como já apontado, é no campo das virtudes que deve a educação florescer.

Immanuel Kant (2005, p. 40-41) assim expõe: "Age de tal modo que a máxima de tua vontade possa valer sempre como princípio de uma legislação universal [...] A razão pura é por si mesma prática, e dá (ao homem) uma lei universal, que denominamos *lei moral* [*Sittengesetz*]".

E assim expressa Jean-Jacques Rousseau (2006, p. 47):

> O que é bem, e conforme a ordem é tal pela natureza das coisas sem dependência das convenções humanas. Toda a justiça vem de Deus, única origem dela, e se nós soubéssemos receber de tão alto não precisaríamos de leis nem de governo.

"Quando os princípios do governo são uma vez corrompidos, as melhores leis tornam-se más e voltam-se contra o Estado; quando seus princípios são salutares, as más produzem o efeito de boas: a força do princípio arrasta tudo", conforme aduz Montesquieu (2005, p. 131) a respeito dos efeitos naturais da bondade e da corrupção dos princípios.

Para Cícero (2005, p. 37), "O alicerce da justiça é a boa-fé, ou seja, a sinceridade nas palavras e a lealdade nas convenções".

E complementa:

"Parece-nos que só há verdadeira nobreza d'alma e verdadeira coragem nos homens que são ao mesmo tempo bem formados, sinceros, amigos da verdade e incapazes de enganar: todas essas qualidades são do homem justo" (CÍCERO, 2005, p. 50).

"**Opus justitiae pax**", ou seja, "A paz (na sociedade) é obra da justiça" (ISAÍAS apud BACHINSKI, 2006), que também cita Eduardo J. Couture, no Decálogo do Advogado:

> [...] VIII. **Tem Fé**. Tem fé no direito, que é o melhor instrumento da convivência humana; na justiça, que é o destino normal do direito; na paz, que é o bondoso sucedâneo da justiça; e, sobretudo, tem fé na liberdade, sem a qual não existe direito, nem justiça, nem paz. [...]

Traça-se aqui mais uma importante luz no caminho da humanidade: a esperança.

Para que esta exista, deve-se ter um princípio de alegria, uma fé interior.

Sem sorriso, não há esperança; sem esperança, não há luz; sem luz, não há paz.

E somente na paz encontra-se a verdadeira liberdade e justiça.

José Carlos Moreira Alves (2002, p. 26) lembra que os romanos definiam a jurisprudência como "o conhecimento das coisas divinas e humanas, a ciência do justo e do injusto".

Norberto Bobbio e Maurizio Viroli (2002) expõem que o Estado democrático deve, em defesa da justiça, ser intransigente em relação aos criminosos, aos corruptos e aos mafiosos. E esclarecem:

> A falta de intransigência forma crianças mimadas, não cidadãos livres. Tenha presente que a intransigência é perfeitamente coerente com a caridade, um valor que eu aprecio muito. A verdadeira caridade é uma força que impulsiona a punir (e a premiar) segundo a justiça pelo bem público: nem vingança, nem favor. [...] Nós deveríamos educar [...] para a idéia de que ser cidadão também requer uma força interior que nos impulsiona a exigir que a república seja intransigente. (BOBBIO e VIROLI, 2002, p. 42).

Dizem, ainda, que a educação civil tem necessidade de palavras, de memórias e de exemplos. "O verdadeiro educador é somente aquele que tem autoridade moral. É somente aquela pessoa que inspira respeito, autoridade" (BOBBIO e VIROLI, 2002, p. 54).

E que uma das exigências fundamentais dos cidadãos é a segurança. "Segurança quer dizer que os delinquentes serão punidos, que quem viola os direitos encontra a sua justa sanção", ou seja, "todos, poderosos e cidadãos, estão submetidos à lei e que os crimes são punidos segundo as leis" (BOBBIO e VIROLI, 2002, p. 62-63).

Aludem, também, que "a corrupção corresponde ao máximo do segredo" e que "o princípio fundamental da democracia é de resto hostil ao segredo" (Bobbio e Viroli, 2002, p. 111).

José Renato Nalini (2001, p. 36-38) expõe que

> [...] nunca foi tão necessário, como hoje se mostra, reabilitar a **ÉTICA**. A crise da Humanidade é uma crise moral. Os descaminhos da criatura humana, refletidos na violência, no egoísmo e na indiferença pela sorte do semelhante, assentam-se na perda de valores morais. De nada vale reconhecer a **dignidade da pessoa**, se a conduta pessoal não se pautar por ela. [...] O complexo de normas éticas se alicerça em **valores**, normalmente designados **valores do bom**. Há conexão indissolúvel entre o **dever** e o **valioso**. [...] A norma exprime um **dever** e se dirige a seres capazes de cumpri-la ou violá-la. Sustenta-a o suposto filosófico da liberdade.

José Renato Nalini (2001) ainda expõe que existem duas correntes quanto à norma de conduta moral: a absolutista e a relativista. Para esta, a norma ética tem vigência puramente convencional e é mutável, enquanto para aquela, a validez é atemporal e absoluta.

Retrata, também que a civilização ocidental é conhecida como a civilização cristã e que sobre tais valores ela se desenvolveu, sendo que "a **crise dos valores** em que se debate a sociedade moderna é também resultado do abandono dos **valores cristãos**" (NALINI, 2001, p. 67).

E conclui em relação à moral cristã: "Ao contemplar o **amor** como a mais importante das virtudes, o cristianismo reconhece que somente precisa de moral quem não tem amor" (NALINI, 2001, p. 68).

Dispondo sobre Santo Tomás de Aquino, define que

> a concepção cristiana é a de que há regras impostas por Deus e que não se deve obedecer ao direito positivo quando ele se opõe às leis divinas. Isso estabelece nítido primado da **lei natural** sobre a **lei positiva**. (NALINI, 2001, p. 71).

Expõe, ainda, que

> Estudar ética poderá ser alternativa eficaz para o enfrentamento dessas misérias da condição humana. Ética se aprende e ética se pode

ensinar. O abandono da ética não fez bem ao processo educativo, nem à humanidade. [...] De pouco vale o conhecimento técnico, sem o compromisso do crescimento ético. [...] A cultura divorciada da moral pouco ou nada poderá fazer para tornar mais digno o gênero humano. (NALINI, 2001, p. 73-74).

E faz a seguinte comparação:

Aproximam o direito da moral, dentre outros, os elementos característicos seguintes:
1. Direito e moral disciplinam a relação entre os homens por meio de *normas*. Impõem conduta obrigatória a seus destinatários.
2. Tanto as normas jurídicas como as morais se apresentam sob forma *imperativa*, não constituindo mera recomendação.
3. Ambas são preordenadas à garantia da coesão social, atendendo à mesma necessidade social.
4. Moral e direito se modificam no momento em que se altera historicamente o conteúdo de sua função social. São formas históricas de comportamento humano. (NALINI, 2001, p. 81-82).

Dilvanir José da Costa (2005) faz a seguinte distinção: o Direito visa à Justiça; a Moral visa ao Bem. Direito e obrigação naturais: exigibilidade natural. Direito positivo: exigibilidade coativa pelo Estado.

José Renato Nalini (2001) complementa que a vida moral é interior enquanto a vida jurídica

113

é exterior, ou seja, a norma moral depende da consciência de cada um, podendo ser aceita e cumprida espontaneamente, de boa vontade. Já a norma jurídica independe da 'reta intenção' do sujeito, pois basta ser cumprida para que não haja qualquer tipo de sanção. E cita que a Constituição brasileira de 1988 teve "um avanço ao enunciar o princípio da *moralidade* como um dos pilares da administração pública" (NALINI, 2001, p. 86).

Cita, ainda, como deveres éticos, "o dever familiar e cívico de *educar* e o dever de todos de *defender o ambiente* ecologicamente equilibrado, preservando-o para as presentes e futuras gerações" (NALINI, 2001, p. 87).

Aponta, também, os muitos conceitos abrigados na lei civil como éticos: a boa-fé, os bons costumes, a equidade, o estado de casado, a fidelidade conjugal, a indignidade, a ingratidão e a má-fé.

Chega, assim, a visualizar <u>a ética no processo civil</u>. Dispõe que existe no processo um **princípio de probidade**, onde tudo deve se pautar pela boa-fé, exemplificando que o pedido deve ser

114

claro a ponto de não constituir emboscada para o adversário; que as exceções dilatórias devem ser colocadas juntas; que os meios de prova devem limitar-se aos fatos debatidos; que os erros de procedimento devem corrigir-se imediatamente e que o litigante que atua com malícia deve ser condenado a pagar por essa conduta.

Conclui que "O direito, desprovido de ética, é solução ilusória para as questões humanas" (NALINI, 2001, p. 99).

Menciona o desafio a enfrentar pelos juristas, diante das novas situações derivadas de um mundo novo: o progresso científico, o desenvolvimento da medicina, a engenharia genética. Há, assim, que harmonizar essas novas situações conflitantes geradas pelo 'progresso' e pelo 'conhecimento', entre a verdade científica e a ética moral. E que já se estuda, na **bioética**, a "moralidade da conduta humana na área das ciências da vida" (NALINI, 2001, p. 129).

E assim chega a dispor sobre a **ética ecológica**, a **ética no Estado**, a **ética na política** e, como não poderia deixar de ser, a **ética do juiz**.

E diz que o constituinte conferiu aos juízes os deveres éticos da **presteza** e da **segurança** no exercício da jurisdição, de modo que deve ser "diligente ao impulsionar o feito, ao decidir as questões iniciais, ao sanear o processo, a instruí-lo devidamente e a julgá-lo" (NALINI, 2001, p. 287), bem como de estar sempre atualizado nos estudos e comprometido com uma outorga jurisdicional segura, transparente e efetiva. E isto leva também à exigência da **imparcialidade** do juiz, empenhando-se na busca da **verdade real** e zelando pelo efetivo cumprimento dos prazos.

Além dos deveres, há de se observar, também, os **poderes éticos do juiz**, que são "o *poder discricionário*, o *arbitrium judicis*, a *equidade* e o *poder criador*" (NALINI, 2001, p. 301). Tais poderes conferem ao juiz a 'liberdade' na interpretação e aplicação do direito. Deve sempre estar consciente do compromisso ético de solucionar as lides num tempo razoável, buscando a celeridade em conjunto com a segurança.

Define que "O juiz justo é o juiz equitativo. Uma justiça até certa forma

116

independente da lei. Justiça aplicada, viva, concreta e, se possível, verdadeira" (NALINI, 2001, p. 308).

Carlos Maximiliano (1998, p. 172-173) diz que a **equidade** serve à Hermenêutica e à Aplicação do Direito, desempenhando o duplo papel de suprir as lacunas dos repositórios de normas e auxiliar a obter o sentido e alcance das disposições legais:

> Fruto de condições especiais de cultura, noção de justiça generalizada na coletividade (*jus naturale, aequum, bonum*), ideia comum do bem, predominante no seio de um povo em dado momento da vida social; a Equidade abrolhou de princípios gerais preexistentes e superiores à lei, da fonte primária do Direito. É um sentimento subjetivo e *progressivo*, porém não *individual*, nem *arbitrário*; representa o sentir do maior número, não o do homem que alega ou decide.

Aristóteles (2006, p. 40) assim dizia:

> [...] há duas espécies de virtudes, a intelectual e a moral. A primeira deve, em grande parte, sua geração e crescimento ao ensino, e por isso requer experiência e tempo; ao passo que a virtude moral é adquirida em resultado do hábito, de onde o seu nome se derivou, por uma pequena modificação dessa palavra (do grego *ethos*, e sua derivação *ethiké*).

117

Diz que ao juiz cumpre restabelecer a igualdade, dando aos litigantes o que lhes pertence e que "a natureza do equitativo é uma correção da lei quando esta é deficiente em razão da sua universalidade" (ARISTÓTELES, 2006, p. 111 e 125).

Miguel Reale (2005, p. 46-47) assim expõe sobre a moral e o direito:

> A Moral é incompatível com a violência, com a força, ou seja, com a coação, mesmo quando a força se manifesta juridicamente organizada. [...] O cumprimento obrigatório da sentença satisfaz ao mundo jurídico, mas continua alheio ao campo propriamente moral. Isto nos demonstra que existe, entre o Direito e a Moral, uma diferença básica, que podemos indicar com esta expressão: a Moral é incoercível e o Direito é coercível. O que distingue o Direito da Moral, portanto, é a coercibilidade. [...] Coercibilidade é uma expressão técnica que serve para mostrar a plena compatibilidade que existe entre o Direito e a força.

Sobre a verdade, diz:

> Sabem os senhores que uma verdade se diz evidente quando ela manifesta a sua certeza no ato mesmo de ser enunciada, sendo como tal recebida, sem contestação, pelo espírito, graças ao que podemos denominar 'intuição intelectual'. Nesse caso, não há necessidade de qualquer prova. (REALE, 2005, p. 81).

Aristóteles (2006, p. 129) expõe que "são três os elementos da alma que controlam a ação e a verdade: sensação, razão e desejo" e conclui:

> [...] já que a virtude moral é uma disposição de caráter relacionada com a escolha, e a escolha é um desejo deliberado, para que a escolha seja acertada deve ser verdadeiro o raciocínio e reto o desejo, e este último deve buscar exatamente o que o primeiro determina.

Para Rudolf Von Ihering (2006, p. 55), "A verdade é sempre verdade, mesmo quando o indivíduo a não reconhece nem a defende senão sob o ponto de vista estreito do seu próprio interesse".

Pode-se dizer que verdade e justiça caminham juntas.

Impossível se ter justiça, sem verdade; e, aos olhos de Deus, verdade, sem justiça.

Um conto sufi demonstra como a verdade é fruto da virtude:

> "Estas leis não tornam melhores as pessoas", disse Nasrudin ao Rei; "elas devem praticar certas coisas de forma a sintonizarem-se com a verdade interior, que se assemelha apenas levemente à verdade aparente." O Rei decidiu que poderia fazer com que as pessoas

observassem a verdade – e o faria. Ele poderia fazê-las praticar a autenticidade. O acesso a sua cidade era feito por uma ponte, sobre a qual o Rei ordenou que fosse construída uma forca. Quando os portões foram abertos ao alvorecer do dia seguinte, o Capitão da Guarda estava postado à frente de um pelotão para averiguar todos os que ali entrassem. Um édito foi proclamado: "Todos serão interrogados. Aquele que falar a verdade terá seu ingresso permitido. Se mentir, será enforcado." Nasrudin deu um passo à frente. "Aonde vai?" "Estou a caminho da forca", respondeu Nasrudin calmamente. "Não acreditamos em você!" "Muito bem, se estiver mentindo, enforquem-me!" "Mas se o enforcarmos por mentir, faremos com que aquilo que disse seja verdade!" "Isso mesmo: agora sabem o que é a verdade: a sua verdade!" (AQUINO, 2003, p. 71-72)

André Comte-Sponville (2004, p. 7-10) diz que virtude é uma força que age ou que pode agir, ou seja, é poder. Poder que basta à virtude. Mas não ao homem e não à moral. A este a virtude implica numa disposição adquirida de fazer o bem, e ainda mais: "ela é o próprio bem, em espírito e em verdade". As virtudes são os valores morais vividos.

Diz que a prudência é condição da virtude. Ela não reina, mas governa. Assim, não basta amar a justiça para ser justo; é preciso também que aja uma boa decisão, uma boa ação. "A prudência decide e a coragem provê." Ela é de todo necessária, até perante a moral, uma vez que a protege do fanatismo (COMTE-SPONVILLE, 2004, p. 37-44).

E assim conclui: "O justo, sem a prudência, não saberia como combater a injustiça; mas, sem a coragem, não ousaria empenhar-se nesse combate" (COMTE-SPONVILLE, 2004, p. 57).

Dispõe, ainda, que "A simplicidade é a verdade das virtudes", pois o simples não simula, não calcula, não tem artimanhas nem segredos, enfim, não tem segundas intenções (COMTE-SPONVILLE, 2004, p. 169).

E que a boa-fé, "Como virtude, é o amor ou o respeito à verdade, e a única fé que vale. Virtude *aletheiogal*, porque tem a própria verdade como objeto" (COMTE-SPONVILLE, 2004, p. 213).

Esclarece, contudo, que a boa-fé não é sinônimo de certeza nem de verdade, mas é uma fidelidade e uma crença naquilo que se tem por verdadeiro, estando carregada de sinceridade e distante da mentira. Diz que "Nenhuma virtude é verdadeira, ou não é verdadeiramente virtuosa sem essa virtude de verdade. Virtude sem boa-fé é má-fé, não é virtude" (COMTE-SPONVILLE, 2004, p. 215).

Vê-se que a boa-fé é condição necessária para a virtude. Nela pode existir engano, mas nunca fraude.

André Comte-Sponville (2004, p. 132) traz também a definição de misericórdia: "ela é a virtude que triunfa sobre o ressentimento, sobre o ódio justificado (pelo que ela vai além da justiça), o rancor, o desejo de vingança ou de punição".

Pode-se afirmar, ainda, que a misericórdia não é maior que a justiça, mas é o amor que torna justa a medida da misericórdia.

Francesco Carnelutti (2003a, p. 16-17) diz que, embora geralmente ocorra um fenômeno econômico antes de ser jurídico, "a economia não basta para colocar ordem entre os homens e satisfazer assim o que constitui a necessidade suprema do indivíduo e da sociedade", concluindo:

O terreno da economia é aquele no qual se encontram diversos egoísmos, tanto dos homens quanto dos povos. Por isso, em si e por si, é o reinado da desordem. Para pôr ordem no caos econômico e fazer desse modo com que os homens vivam em paz, é necessário substituir *o egoísmo pelo altruísmo, o eu pelo tu*. Se a economia é o reinado do eu, o reinado do tu é a moral. [...] Por isso, a moral, como reinado que é do amor, também é o reinado da liberdade.

E conclui que "uma cultura elementar de direito é necessária a todos os cidadãos a fim de que possam colaborar com a ordem social", mas alerta:

Se o direito é um instrumento da justiça, nem a técnica nem a ciência bastam para saber manejá-lo. [...] Exatamente os romanos, quando tiveram de definir o jurisconsulto, disseram antes de tudo: *vir bonus*. Sem a bondade, a ciência do direito poderá sem dúvida fazer com que cresça a árvore do direito, mas esta árvore não dará os frutos de que os homens têm necessidade. (CARNELUTTI, 2003a, p. 66).

Piero Calamandrei (2004, p. 101) diz que o homem deve "repousar em uma meditação sobre as verdades eternas, sobre o bem, sobre Deus".

Falta, pois, ao homem, o culto da virtude, a educação no amor, o respeito à dignidade da pessoa humana e ao meio ambiente, a busca pela conciliação ao invés do confronto.

É na mudança de comportamento que se pode alterar essa realidade, o que também contribuiria para a diminuição das demandas judiciais, que ficariam resumidas praticamente às causas de maior complexidade.

A ética seria da essência do homem e a justiça, apenas uma consequência natural das relações humanas. O amor, o condutor destas relações.

Assim se vê ilustrado por Khalil Gibran (2005, p. 24):

> O amor não dá nada além de si mesmo e não toma nada além de si mesmo.
> O amor não possui nem é possuído;
> Pois o amor é suficiente ao amor.
> Quando vós amais, não deveis dizer: "Deus está no meu coração", mas sim "Estou no coração de Deus".

A educação e a prática das virtudes são, assim, um caminho...

Longo e difícil, mas que precisa ser trilhado.

'Reciclar' é a palavra do momento. Mas todo esforço não deve ser ocupado em reciclar

124

bens materiais; há necessidade urgente de se reciclar almas, resgatar os que estão jogados fora da sociedade, os chamados excluídos.

Para tanto, faltam aos 'incluídos' as virtudes e, aos 'excluídos', a educação.

Somente na igualdade de 'oportunidades' pode-se dizer que uma sociedade vive o Direito e a Democracia.

PADRÃO ÉTICO

O modelo atual de Direito e Economia tem centrado na Ética o padrão exigido pelas sociedades democráticas, especialmente em razão de que as riquezas naturais são esgotáveis e, sem um desenvolvimento sustentável, não há suporte para um crescimento econômico duradouro.

A Ética deve estar presente em todos os negócios, não somente como medida salutar de nobreza dos institutos e da moralidade administrativa, mas também como meio de salvaguardar estes próprios institutos e governos, a paz social e harmonia entre os povos.

E é na ética contratual que se encontra a raiz sobre a qual a sociedade poderá, se bem cultivada, colher muitos frutos.

A Ética é um bem valoroso, ainda que íntimo e individual, podendo ser disseminado, cultivado e colhido seus frutos pela própria sociedade que a institui como um dever de todos.

Uma virtude que pode e deve ser exigida em todos os ramos, da política à economia, dos negócios individuais aos coletivos, da relação com o meio ambiente ao respeito aos direitos humanos.

É algo que pode ser cobrado como valor intrínseco de um contrato social.

Repetindo Cícero (2005, p. 37), "O alicerce da justiça é a boa-fé, ou seja, a sinceridade nas palavras e a lealdade nas convenções".

Martins (1999, p. 13) menciona, no tocante à Administração Pública, que está prescrito em nossa Constituição que ela "está a serviço da sociedade, onde mais claro fica a imposição da 'necessidade ética', no exercício da honrosa função de servir a sociedade".

E explica que este princípio é colocado entre os cinco mais relevantes da Administração Pública: "legalidade, impessoalidade, moralidade, publicidade e eficiência".

Lembra, ainda, que no campo do Direito Tributário, "inúmeros princípios de conteúdo ético perfilam os artigos 145 a 164, os mais relevantes sendo os princípios de igualdade, de respeito à capacidade contributiva e do não-confisco". (MARTINS, 1999, p. 16)

E que o mesmo tratamento tem ao dispor da ordem social,

> em que a Seguridade Social, a educação, a cultura, a comunicação social, o meio ambiente e a família têm um notável enquadramento de princípios éticos a orientar os elaboradores da lei infraconstitucional e seus aplicadores a agir no interesse da comunidade e do ser humano. (MARTINS, 1999, p. 16)

Também entende que "a Ética é um predicado inato da alma (...), de poucos eleitos, sendo passível de desenvolvimento e aprimoramento pela educação e pelos desafios da convivência social e profissional". (MARTINS, 1999, p. 96)

Dispõe, assim, que "a Ética é apenas um atributo pessoal". (MARTINS, 1999, p. 97)

Todavia, tal atributo, ainda que de caráter pessoal, não pode deixar de existir nas relações humanas, especialmente no mundo dos negócios, pois no mundo contemporâneo tornou-se exigência social, comportamental, mais que um simples atributo subjetivo.

Martins (1999, p. 235) reafirma esse importante papel da Ética na Economia e no Direito:

> (...) o Direito encampa tantos conceitos éticos como o da boa-fé, bons costumes etc. A moral procura reforçar com estes conceitos o conteúdo normativo da ordem jurídica. Estes conceitos, frise-se, são ditados pela Moral e não pelo Direito. Além do mais, os países que tenham um Direito calcado em padrões morais têm uma ordem jurídica mais eficaz.
> (...)
> O Direito não cria esses valores do nada. Vai hauri-los justamente na formação cultural do povo nas últimas décadas. E a inquietação atual está centrada no respeito à dignidade da pessoa humana. Este é o sentido pelo qual a Ética deverá caminhar. (MARTINS, 1999, p. 235-236)

Ahner (2009) trata de dois tópicos importantes e que justificam a força exercida pela conduta Ética no mundo contemporâneo: o desenvolvimento sustentável e a dignidade humana.

Define desenvolvimento sustentável como "procurar satisfazer as necessidades e aspirações do presente sem comprometer a capacidade de satisfazer as do futuro" (AHNER, 2009, p. 129), ou seja, cuidar bem do que temos hoje, com exploração planejada dos bens existentes, de modo que possamos possuí-los da mesma forma no futuro, preservando assim os sistemas necessários a sustentação da própria vida humana.

Sobre a dignidade humana assim expõe:

> É fundamento absoluto para qualquer reflexão ulterior. A pessoa humana foi criada à imagem de Deus e assim tem um valor que não pode ser medido em outros termos. É o alicerce de uma visão moral da sociedade. Esse valor é inerente, não adquirido, e jamais se perde. É qualitativamente diferente de qualquer outro tipo de medida. Ao contrário, a medida de toda instituição e de toda sociedade é se ela ameaça ou realça a vida e a dignidade da pessoa humana. (AHNER, 2009, p. 441)

Não há dúvida que a Ética tudo conduz para o bem comum.

Se uma administração, pública ou privada, não a observa; se as pessoas que contratam entre si algo de valor, não a respeitam como princípio básico da relação; se os países que

130

possuem negócios comerciais deixarem de cumprir as boas regras de conduta estabelecidas pelos Organismos Internacionais – OMC, OMS, OIT, ONU, entre outros – a paz estará ameaçada ou algum povo injustamente prejudicado ou marginalizado.

Ahner (2009, p. 224-225) entende que um código de ética é o primeiro passo para uma cultura ética, de modo que as empresas que estabelecem um código de ética formal acabam impondo diretrizes que podem se tornar "um guia externo para o comportamento moral".

Lucca (2009, p. 328-329) expõe que

> cumprir uma função social implica em assumir a plenitude da chamada responsabilidade social, vale dizer, a consciência de que todos nós temos, em maior ou menor grau – como cidadãos, em geral, ou como empresários, em particular –, o indeclinável dever ético de pôr em prática as políticas sociais tendentes a melhorar as condições e a qualidade de vida de todos os nossos semelhantes.

E complementa que,

> no caso da empresa, sua responsabilidade social assume proporções muito maiores, pois seu dever, além de ter natureza ética,

tem supedâneo (...) na própria ordem jurídica. Para que ela seja bem cumprida, deverá ser concebida tanto em sua dimensão interna quanto externa. (LUCCA, 2009, p. 330)

Sob o ponto de vista interno, aponta, como exemplo, a obediência às legislações trabalhistas e da seguridade social, além do dever ético correspondente a uma política de recursos humanos, social e eticamente responsável, como o desenvolvimento de uma política salarial isonômica, melhoria nas condições de vida do trabalhador (participação nos lucros das empresas, por exemplo), o aperfeiçoamento profissional e humano dos trabalhadores (participação de cursos e palestras, por exemplo). E, sob o ponto de vista externo, cita a responsabilidade social da empresa perante sua clientela e consumidores em geral, fornecedores e a comunidade em que atua, além do próprio meio ambiente com o qual interage.

E, com relação a essa consciência ética por parte das empresas, menciona o instituto da governança corporativa, definido pela Comissão de Valores Mobiliários (CVM) como "um conjunto de práticas que tem por finalidade otimizar o desempenho de uma companhia ao proteger todas as partes interessadas, tais como investidores, empregados e credores, facilitando o acesso ao capital" (LUCCA, 2009, p. 365).

A jurisprudência tem dado ênfase ao equilíbrio contratual e a função social do contrato em reiteradas decisões, seja no âmbito dos contratos bancários, de saúde, de seguro, de trabalho ou qualquer outro.

O valor humano está em destaque, como também a ética contratual.

E é sobre esse novo tempo – da eticidade – que a sociedade se amolda e se desenvolve, pois descobre da sua necessidade e impacto, tanto nos negócios jurídicos como na própria sobrevivência da espécie.

Araújo (2004, p. 15-16) diz que o desafio do Judiciário no novo milênio é

> responder aos anseios da população, de forma efetiva, todas as vezes que for chamado a intervir, para resolver os conflitos que envolvam o Estado ou não (particular **versus** particular ou particular **versus** Estado) em busca de uma ordem jurídica

mais justa. Para isso, o juiz deverá ser um homem de seu tempo, sintonizado com as grandes conquistas sociais, atento às rápidas transformações de um mundo cada vez mais globalizado, no qual os direitos humanos assumem posição de relevo, ao lado de outros igualmente importantes, como a tutela dos interesses difusos e coletivos, do meio ambiente e do consumidor, vale dizer, plenamente identificado com os valores sociais, políticos e jurídicos na aplicação da Justiça. A decisão judicial deverá pautar-se, cada vez mais, como um produto da reflexão sobre esses valores.

Ao tratar dessa relação, Flávia Shilling (2005) assim se expressa:

> A dignidade humana, pensada como autonomia ética de seres humanos socialmente situados, é o valor que fundamenta todos os demais direitos. Dos direitos fundamentais decorrem os princípios que orientam a organização do Estado e de todas as leis do país, que direcionam as prioridades e formas adequadas de ação dos governantes e que formulam os objetivos a serem alcançados pelo Estado e pela sociedade brasileira. (SHILLING, 2005, p. 72).

E aponta três elementos como essenciais para a concretização de uma cultura centrada nos direitos humanos e na democracia: *a formação intelectual e a informação* (capacidade de conhecer para melhor escolher ou julgar); *a educação moral* (uma consciência ética, formada tanto de sentimentos quanto de razão); *a educação do comportamento* (enraizar hábitos de tolerância diante do diferente ou divergente, aprender a importância da cooperação e da subordinação do interesse pessoal ou de grupo ao interesse geral – bem comum).

Esse comportamento moral deve ter como raiz os fundamentos sólidos de uma sociedade para frutificar.

É na educação e na cultura de uma nação, de um povo, que deve ser cultivado como força imperativa de conduta.

Torna-se, assim, *hábito*, o que é correto; ao contrário do hábito do qual todos se queixam e lamentam, mas nada fazem, por ser *hábito* a corrupção dos princípios tão noticiada no tempo presente.

Francesco Carnelutti (2003, p. 16) diz que, embora geralmente ocorra um fenômeno econômico antes de ser jurídico, "a economia não basta para colocar ordem entre os homens e satisfazer assim o que constitui a necessidade suprema do indivíduo e da sociedade", concluindo:

> O terreno da economia é aquele no qual se encontram diversos egoísmos, tanto dos homens quanto dos povos. Por isso, em si e por si, é o reinado da desordem. Para pôr ordem no caos econômico e fazer desse modo com que os homens vivam em paz, é necessário substituir *o egoísmo pelo altruísmo, o eu pelo tu*. Se a economia é o reinado do eu, o reinado do tu é a moral. [...] Por isso, a moral, como reinado que é do amor, também é o reinado da liberdade. (CARNELUTTI, 2003, p. 17).

Assim, a sociedade que desfruta de um comportamento ético, restaura a verdadeira liberdade. Ao contratarem, as partes gozarão da autonomia que lhes é peculiar, pois sabiamente respeitarão o todo do qual fazem parte. A ética torna-se o elemento básico da relação, dos negócios em si. E o contrato continua sendo o instrumento formal na realização das vontades, concebido, porém, com o aval de toda sociedade.

Vê-se assim que a relação humana sempre foi permeada por alianças, adesões, consensos. Pactos estes que envolvem confiança, fidelidade, reciprocidade. E, como elemento regulador dessas convenções, nasce o contrato, instituto econômico na origem, como ensina Carnelutti (2003, p. 35), transformado posteriormente em instituto de direito (com base na lei, expressa ou tácita).

Assim, o contrato sempre esteve presente de algum modo na vida humana. Com acertos ou erros na sua formatação como na sua extensão, perdura até hoje moldando o direito como instrumento hábil e eficaz.

Não à toa, evolui com a própria humanidade, atendendo-se aos anseios sociais quanto à razão de seu cumprimento.

Seu escopo é o sustentáculo do que pensa a sociedade em dado momento. É, de fato, sua essência, seu clamor.

Vive-se hoje a cultura da ética. Não se suporta mais a corrupção dos princípios, tão bem valorados e dispostos na Constituição Brasileira.

Também assim dispõe as regras de Organismos Internacionais; todos voltados aos direitos fundamentais, tendo a dignidade da pessoa humana como alicerce da vida.

O contrato, portanto, constitui-se nesse instrumento hábil a moldar a civilização, obedecida a ordem do Direito e os fins econômicos que conduzem ao desenvolvimento dos povos.

E o que se almeja atualmente é a transparência dos negócios, cultivados dentro da boa-fé, atendendo-se a sua função social, num harmonioso equilíbrio de forças, calcadas na ética.

E é desse liame que pode o contrato constituir-se como escopo da segurança jurídica e do desenvolvimento econômico, tendo o Poder Judiciário como mola mestra, no sentido de fazer valer não só o cumprimento do contrato, mas também de corrigi-lo em tudo que se oponha ao que é efetivamente justo.

Mas para que essa nova cultura possa disseminar, importante que se exija um padrão de conduta, que se não é de todos, ao menos deve ser estabelecido de modo que seja cumprido por todos.

Em qualquer área, da política pública ao setor privado, na relação de trabalho e em todos os negócios jurídicos, deve-se ter presente esse código de ética, informal, dentro de cada um, e formal, externamente, para que não seja ignorado.

É na luta por esse Direito que a sociedade de hoje clama.

E é no contrato, como *pacto* entre os homens de boa vontade que deve ser reconstruída a virtude, a *fidelidade* construída na verdade, no compromisso com o bem comum, ou seja, o dever ético.

É como ensina Ihering (2006, p. 90):

> Não é a estética, mas sim a ética, que deve ensinar-nos o que corresponde à essência do direito e o que lhe é contrário. Ora, a ética, longe de repelir a luta pelo direito, impõe-na, como dever, tanto aos indivíduos como aos povos (...)

E como ressalta Carnelutti (2003, p. 21): "O direito é, pois, *uma combinação de força e de justiça*; e daí que em seu símbolo se encontre a espada ao lado da balança".

Os pactos, pois, devem ser cumpridos, ante a força da sanção, mas sob a alva da justiça, de modo que sejam respeitados os *justos* interesses dos contratantes, de terceiros e da sociedade como um todo.

O CONTRATO

O contrato pode ser definido como o vínculo jurídico, de natureza econômica, estabelecido entre duas ou mais pessoas, de forma livre e espontânea. Necessariamente, os agentes devem ser civilmente capazes e o objeto do contrato, lícito e não proibido em lei.

O contrato é fonte de obrigações que decorre, eminentemente, da vontade humana.

Os princípios fundamentais dos contratos são, atualmente, a autonomia privada (autonomia da vontade); da força obrigatória (e sua relatividade); a boa-fé; o equilíbrio econômico; e a função social.

Na autonomia privada admite-se a liberdade da manifestação de vontade; todavia, essa liberdade contratual deve respeitar o interesse geral e a ordem pública.

Na relatividade contratual tem-se que, conforme Bdine Júnior (2007, p. 17), "os efeitos dos contratos só atingem os contratantes, não aproveitando nem prejudicando terceiros", além do que são mitigados pela ideia da função social do contrato.

O princípio da força obrigatória dos contratos decorre da própria síntese de sua natureza, ou seja, implica seu cumprimento num dever econômico, de interesse social, cujo inadimplemento impõe, inclusive, indenização por perdas e danos (art. 389 do CC). Tal princípio do *pacta sunt servanda* pode ser modificado ante certas circunstâncias, dentre as quais se tem a boa-fé e a função social do contrato.

Na boa-fé está inserido o valor ético, em especial o dever de lealdade, correção e veracidade na relação entre as partes contratantes.

Na justiça contratual ou equilíbrio econômico está inserido aquilo que é justo, ou seja, preservar a igualdade na formação e desenvolvimento do contrato, atentando-se para o constante equilíbrio das prestações e eventual aplicação da justiça corretiva.

"A função social do contrato é estimular a circulação de riquezas, por intermédio da harmonização de interesses convergentes", como bem expõe Bdine Júnior (2007, p. 25).

Gagliano e Pamplona Filho (2008, p. 11) assim definem contrato:

> um negócio jurídico por meio do qual as partes declarantes, limitadas pelos princípios da função social e da boa-fé objetiva, autodisciplinam os efeitos patrimoniais que pretendem atingir, segundo a autonomia das suas próprias vontades.

Ensinam que os elementos constitutivos do contrato são: existência (manifestação de vontades exteriorizadas pelos agentes com intuito de estabelecerem uma relação obrigacional); validade (a manifestação da vontade deve ser livre e de boa-fé; o agente precisa ter capacidade; o objeto necessariamente deve ser lícito, possível e determinado ou determinável; além de forma adequada – prescrita ou não defesa em lei; e eficácia (produzem efeito desde logo, sem condicionantes – elementos acidentais – termo, condição ou modo/encargo).

Maria Angélica Benetti Araújo expõe em seu artigo (acesso em 02 fev. 2012) que "a autonomia da vontade é o poder dos indivíduos de suscitar, mediante declaração de vontade, efeitos reconhecidos e tutelados pela ordem jurídica", e que de conformidade com tal princípio, "o homem é livre para contratar ou não contratar, bastando que o objeto da convenção seja lícito".

Assim, baseando-se na autonomia da vontade e no desenvolvimento econômico gerado pela revolução industrial, consagrou-se a idéia da importância da liberdade contratual e da segurança jurídica, fazendo-se do contrato verdadeira "lei entre as partes" – *pacta sunt servanda* (os pactos devem ser respeitados/cumpridos).

Todavia, "o contrato passa a sofrer restrições no momento em que é retirado do plano da abstração e inserido na concretude de desigualdades em que vivem os contratantes, sobretudo porque se visa à função social que o orienta" (ARAÚJO, M.A.B., *id*), ou seja, a igualdade formal não significava justiça contratual, pois sendo a sociedade desigual, também haveria um desequilíbrio contratual.

E, dessa forma, o Estado é chamado a intervir na autonomia da vontade, conforme expõe Araújo, M.A.B., *id*:

> O Estado intervém na autonomia da vontade sempre que vislumbra a ameaça direta ou indireta a valores sociais consagrados pelo ordenamento jurídico, ou quando esta ameaça incide sobre a economia popular, a livre concorrência, a autonomia e soberania estatais, bem como sobre as liberdades e garantias individuais. Igualmente, atua o Estado com o fito de favorecer o desenvolvimento da sociedade sobre a qual exerce a sua soberania, o que colabora para a intensificação da competição no mercado internacional.

Relativiza-se o princípio *pacta sunt servanda*, abrindo caminho para a cláusula *rebus sic standibus (enquanto as coisas estão assim – Teoria da Imprevisão)*, tornando-se possível revisar ou resolver o contrato diante da ocorrência de alteração substancial ou imprevisível na situação de uma das partes.

Emerge, ainda, o princípio da boa-fé, que se insere no próprio conteúdo do contrato.

145

Dispõe o art. 421 do Código Civil: "A liberdade de contratar será exercida em razão e nos limites da função social do contrato."

Rosenvald (2008), em comentário ao art. 421 do Código Civil, menciona:

> O art. 421 inaugura o estudo dos contratos, demonstrando a imprescindível conjugação entre a liberdade contratual e o princípio constitucional da solidariedade (art. 3º, I, da CF).
> (...) Atendendo ao que havia muito já mencionava o art. 5º da Lei de Introdução ao Código Civil, a função social do contrato objetiva conjugar o bem comum dos contratantes e da sociedade. Portanto, podemos cogitar uma função social interna e uma função social externa do contrato. A função social interna concerne à indispensável relação de cooperação entre os contratantes, por toda a vida da relação. Implica a necessidade de os parceiros se identificarem como sujeitos de direitos fundamentais e titulares de igual dignidade. (...) Por outro ângulo, é sabido que os contratos interessam à sociedade. (...) Os bons e maus contratos repercutem socialmente. Ambos os gêneros produzem efeito cascata sobre toda a economia. (...) Ou seja, é possível que os contratos satisfaçam aos desígnios particulares dos contratantes, mas ofendam interesses metaindividuais – coletivos ou difusos. Basta supor a realização de avenças que afetem o meio ambiente, direitos de consumidores ou

a livre concorrência. Em tais casos, a sociedade poderá intervir sobre as cláusulas contratuais ofensivas a direitos fundamentais.

O art. 422 do Código Civil assim dispõe: "Os contratantes são obrigados a guardar, assim na conclusão do contrato, como em sua execução, os princípios de probidade e boa-fé."

Rosenvald (2008, p. 411) explica que há duas acepções de boa-fé, uma subjetiva e outra objetiva. Enquanto a objetiva compreende uma regra de conduta, analisada externamente sob o enfoque da lealdade, honestidade e correção, a subjetiva importa num estado psicológico (intenção/convicção do sujeito da relação jurídica), em que se tem a crença da titularidade de um direito, que em verdade só existe na aparência. Assim, conclui: "a boa-fé objetiva é fonte de obrigações, impondo comportamento aos contratantes, segundo regras de correção, na conformidade do agir do homem comum daquele meio social".

Sob este prisma, Martins-Costa (2000, p. 456-457) expõe:

Diferentemente do que ocorria no passado, o contrato, instrumento por excelência da relação obrigacional e veículo jurídico de operações econômicas de circulação da riqueza, não é mais perspectivado desde uma ótica informada unicamente pelo dogma da autonomia da vontade. Justamente porque traduz relação obrigacional – relação de cooperação entre as partes, processualmente polarizada por sua finalidade – e porque se caracteriza como o principal instrumento jurídico de relações econômicas, considera-se que o contrato, qualquer que seja, de direito público ou privado, é informado pela função social que lhe é atribuída pelo ordenamento jurídico, função esta, ensina Miguel Reale, que é "mero corolário dos imperativos constitucionais relativos à função social da propriedade e à justiça que deve presidir à ordem econômica".

Ensina Rizzardo (2004, p. 33) que a probidade e a boa-fé são os dois princípios básicos que orientam a formação do contrato. "A probidade envolve a justiça, o equilíbrio, a comutatividade das prestações, enquanto a boa-fé exige a transparência e clareza das cláusulas".

Afirma, ainda, que "o fundamento da obrigatoriedade (dos contratos) está, segundo alguns, no dever da veracidade" (RIZZARDO, 2004, p. 25). O homem tem o dever de dizer a verdade e, sendo livre a sua manifestação de vontade ao contrair uma obrigação, tem o dever de cumpri-la.

O Código de Proteção e Defesa do Consumidor (Lei nº 8.078/90) menciona no capítulo "Da proteção Contratual", em seu art. 47, que "as cláusulas contratuais serão interpretadas de maneira mais favorável ao consumidor". E o Código Civil, em seu art. 423, dispõe que "quando houver no contrato de adesão cláusulas ambíguas ou contraditórias, dever-se-á adotar interpretação mais favorável ao aderente".

O § 2º do art. 51 do Código de Defesa do Consumidor dispõe que "a nulidade de uma cláusula contratual abusiva não invalida o contrato (...)".

Nery Júnior (2007, p. 573) explica que sempre que for verificado o "desequilíbrio na posição das partes no contrato de consumo, o juiz

149

poderá reconhecer e declarar abusiva determinada cláusula, atendidos os princípios da boa-fé e da compatibilidade com o sistema de proteção ao consumidor". E que a jurisprudência já se posicionou no sentido de que, em atendimento ao *princípio da conservação do contrato*, "a nulidade de cláusula contratual não contamina todo o conteúdo do contrato".

Martins (1999, p. 158) lembra que a Lei nº 6.404/76, que disciplina as sociedades por ações, "destacou, ao enumerar com precisão e minudências os deveres e responsabilidades dos administradores, a função social da empresa".

Menciona também que a FEBRABAN – Federação Brasileira das Associações de Bancos constituiu há algum tempo Comissão de Ética, preocupada com a imagem dos bancos e de modo a demonstrar que estes desempenham importantes funções sociais (Martins, 1999, p. 162).

Ressalta, inclusive, que "a proteção ao meio ambiente também transformou-se em um valor permanente para a sociedade, de forte conteúdo ético", decorrendo, daí, "a

150

responsabilidade do setor empresarial de promover o desenvolvimento sustentável" (MARTINS, 1999, p. 164).

E, nesse sentido, expõe que

> Hoje, todas as grandes entidades internacionais – Banco Interamericano de Desenvolvimento (BID), Banco Mundial, as maiores organizações bancárias internacionais, o BNDES, o Banco do Brasil, a Caixa Econômica Federal, o banco do Nordeste, o Banco da Amazônia, os Bancos Comerciais, Estaduais, os Bancos de Desenvolvimento dos Estados só aprovam financiamentos cujos projetos não afetem o meio ambiente. (MARTINS, 1999, p. 165)

Verifica-se, assim, a tamanha importância de que se revestiu o contrato, tornando-se instrumento de justiça social e de proteção ao bem comum, na medida em que obriga os contratantes agir não somente visando os interesses pessoais, mas também no respeito à sociedade como um todo.

Wald (2004, p. 197) aponta que

> o desafio da nossa geração consiste, basicamente, em conciliar a democracia política com as aspirações sociais, a concentração econômica e o

desenvolvimento tecnológico (...) consagrando-se, assim, a democracia tanto no plano econômico como no político e garantindo-se os direitos individuais e sociais, que constituem a condição indispensável do desenvolvimento de qualquer sociedade.

Afirma que o contrato é "um instrumento cada vez mais importante na sociedade contemporânea, na medida em que ela se torna mais complexa e sofisticada, exigindo a construção de novos modelos jurídicos", concluindo que constitui "instrumento tão rico e flexível, que tem permitido o desenvolvimento racional e pacífico das relações entre os homens" (WALD, 2004, p. 210-211).

E, em relação ao contrato, afirma Carnelutti (2003, p. 37):

> Entre os institutos jurídicos, o contrato é o exemplo que mais coloca em evidência um processo que eu chamaria de *fecundação moral da economia*. A economia pode ser comparada à terra sobre a qual a ética espalha sua semente; sobre essa terra e dessa terra nasce, cresce e se agiganta o direito. E não há no complexo ordenamento jurídico uma vegetação mais luxuriante do que a do contrato. Sem ele, a economia seria uma paisagem desolada.

Amaral (2008, p. 37) expõe que "em meados do século XIX surgiu a semente do Estado social", sucedendo e contrapondo-se ao Estado liberal (não interventor). Ensina que "com o Estado social, surgirá também uma nova teoria geral do direito e, com esta, irá surgir, concomitantemente, uma nova teoria dos direitos fundamentais", ou seja, os direitos sociais também são direitos fundamentais.

Afirma, ainda, que o Estado social foi e está sendo corroído e substituído pelo Estado democrático de direito, cuja forma ainda não está plenamente definida, mas que significa um Estado democrático (o poder emana do povo) – "um Estado comprometido com a concretização dos direitos fundamentais" – que na lição de Morais (2003) refletem os seguintes princípios: vinculação a uma Constituição; organização democrática da sociedade; respeito aos direitos fundamentais, inspirados na dignidade da pessoa humana (defesa e garantia de liberdade, da justiça e da solidariedade); justiça social como meio de correção de desigualdades; legalidade; segurança e certeza jurídicas.

Martins (1999, p. 11) destaca que o Direito Natural "é o verdadeiro cerne do Direito, dele derivando todas as regras permanentes dos valores inseridas nas normas positivas". E expõe:

> Os "fundamentos" da nação estão nos artigos 1 a 4 e os direitos individuais e coletivos, abrangendo os sociais e políticos, estão no Título II. Exteriorizam estes, os direitos fundamentais e inerentes ao Direito Natural, como o direito à vida, à igualdade, à liberdade, à segurança e, como Direito Natural secundário, o direito à propriedade. (MARTINS, 1999, p. 12)

Martins (1999, p. 39) também põe em destaque os valores fundamentais:

> Entre os valores fundamentais colocados como diretrizes na Constituição figura a dignidade da pessoa humana (art. 1º, nº III, art. 226, 7º e art. 227), constituindo finalidade essencial da República construir uma sociedade justa (art. 3º, nº I), com a garantia de inviolabilidade da honra (art. 5º, nº X) e expressão da cidadania, elemento básico do Estado Democrático de Direito (art. 1º, nº II).

Nazar (2004, p. 26) ensina que "os fatos econômicos dependem das instituições jurídicas" e

154

que, "reciprocamente, a pressão dos fatos econômicos tenderá a moldar a legislação", concluindo que "Direito e Economia devem ser vistos como um todo indiviso".

Rizzardo (2004, p. 9) lembra que "com o direito canônico, o contrato se firmou, assegurando à vontade humana a possibilidade de criar direitos e obrigações. Surgiu o *pacta sunt servanda*". E que "com a Revolução Industrial, a partir do Século XIX, a liberdade contratual atingiu o apogeu", tornando instrumento eficaz do desenvolvimento econômico.

Porém, conforme aponta Martins (1999, p. 22), "poucos institutos sobreviveram, por tanto tempo, e se desenvolveram sob formas tão diversas quanto o contrato", que nos últimos anos trouxe nova roupagem:

> Em vez de adversários, os contratantes passaram a ser caracterizados como parceiros, que pretendem ter, um com o outro, uma relação equilibrada e equitativa, tendo em vista uma maior fraternidade e justiça, ou seja, ultrapassando a rigidez do sistema jurídico para obedecer a princípios morais. (MARTINS, 1999, p. 25)

Lisboa (2007, p. 109) também assim se expressa:

> (...) verifica-se no universo contratual a substituição: dos direitos subjetivos econômicos invioláveis pelo direito subjetivo à luz da função social; do indivíduo em si mesmo pela sua integração à sociedade; da vontade individual absoluta pela sua harmonia com o interesse social; e do negócio jurídico clássico pelo *contrato social*.

Vê-se que nessa nova roupagem o contrato não perdeu sua força construtora, pois não deixa de ser o elemento estrutural na formalização dos negócios, exigindo-se das partes contratantes esse novo modelo comportamental, ou seja, de transparência e respeito aos princípios que devem reger o pacto, mesmo antes de sua celebração e perdurando todo o tempo de sua execução.

Essa nova face contratual, ao contrário do que se pode pensar, é sim sustentáculo da segurança jurídica que se forma a partir desse novo modelo, baseado em princípios éticos, sem os quais devem ser prontamente corrigidos pelo Poder Judiciário.

Freitas traz em seu artigo (acesso em 02 fev. 2012) sobre *segurança jurídica*, os encontros e debates realizados sobre o assunto:

"Onde há segurança jurídica, os capitais aportam e demoram. A economia cresce. Diminui o desemprego. Aumenta a arrecadação. Melhora a classe média. Os direitos e vantagens da democracia chegam aos pobres, alcançam a todos. Onde o Judiciário funciona a contento, a economia cresce, em média, 3% ao ano. Onde não funciona bem, como no caso de alguns dos nossos países, inclusive o Brasil, a perda em termos de Produto Interno Bruto (PIB) chega a 20% ao ano. É uma catástrofe não perceptível a olho nu, mas é uma catástrofe", conclui Edson Vidigal, presidente do Superior Tribunal de Justiça (STJ) em seu discurso de 25 nov. 2004 na abertura do "I Encontro sobre Reforma Judiciária na América do Sul", ocorrida no auditório do Itamaraty ().
(...)
A proteção insuficiente dos contratos e dos direitos de propriedade diminui a abrangência da atividade econômica, desencoraja os investimentos e a utilização do capital disponível e, por fim, mas não menos importante, distorce o sistema de preços ao introduzir fontes de risco adicionais nos negócios, explicou Weisbrot, a maior autoridade mundial em reforma judiciária. Ele veio ao Brasil participar do Congresso Internacional de Excelência

Judiciária, realizado de 15 a 18 nov. 2004, em São Paulo (id.).

(...)

O funcionamento das instituições é fundamental para o desenvolvimento. O Poder Judiciário tem de funcionar de forma independente, previsível e eficiente para assegurar a tranquilidade da segurança jurídica a todas as atividades cíveis, comerciais, trabalhistas, a fim de garantir uma previsão do desenvolvimento, assinala Nelson Jobim ("Entrevista". Valor, São Paulo, 13 dez. 2004, p. A12).

(...)

O cumprimento de contratos e a proteção aos direitos de propriedade são faces da mesma moeda. São pilares do sistema capitalista e dependem de instituições eficientes, afirma Maílson da Nóbrega, ex-ministro da Fazenda (O Estado de S. Paulo, São Paulo, 19 dez. 2004, p. B4).

Tais debates e encontros demonstram a importância da segurança jurídica perante o desenvolvimento econômico de uma nação.

Assim, como bem observa Martins (1999, p. 29-30), "estamos modificando substancialmente o contrato", introduzindo alguns princípios para fazer prevalecer a Ética. E faz a seguinte ressalva: "embora seja uma evolução necessária e justa, ela deve ser temperada pelo respeito aos direitos dos contratantes e pela manutenção da segurança jurídica".

E bem conclui:

> Se o Direito tem a dupla finalidade de garantir tanto a justiça quanto a segurança, é preciso encontrar o justo equilíbrio entre as duas aspirações, sob pena de criar um mundo justo mas inviável, em vez de uma sociedade eficiente mas injusta, quando é preciso conciliar a justiça e a eficiência, ou seja, a Economia, o Direito e a Ética. (MARTINS, 1999, p. 30)

Portanto, é este equilíbrio necessário, da conjunção entre segurança jurídica e desenvolvimento econômico, sem excessos ou radicalismos, mas movida pelo bom senso e equidade.

E, neste ponto, o Judiciário tem importantíssimo papel, uma vez que diante de suas decisões vislumbram-se os passos de determinada sociedade.

Segundo Nalini (2008, p. 103),

> O Judiciário tem o monopólio da prestação jurisdicional e um papel *indutor* da disseminação de uma ideia consensual de justiça. Toda decisão judicial é pedagógica nesse sentido: ela sinaliza qual o rumo que a sociedade deve trilhar, se quiser alcançar

159

o máximo possível em termos de justiça social.

Igualmente, o Legislativo deve cumprir bem o seu papel, sem entraves, visando atender a sociedade e ao bem comum.

E, do mesmo modo o Executivo, promovendo a justiça social.

CONCLUSÃO

A vida em sociedade demanda uma ordem, consubstanciada no Direito.

Este tem por pressuposto a própria cultura da sociedade em que criado.

Tem seu lado natural e seu lado contratual, fazendo-se ambos positivados ou afirmados pelos costumes.

As normas tendem a ser justas, podendo ser modificadas no decorrer do tempo, acompanhando a evolução da própria sociedade, seja no campo científico como em face da própria alteração dos conceitos até então existentes.

Para se alcançar o Estado Democrático ou Estado de Direito, tem-se por primordial a observância de princípios básicos e essenciais à dignidade da pessoa humana, bem como sejam as normas respeitadas e cumpridas por todos.

Não sendo, opera-se o meio próprio para solução dos conflitos e manutenção da paz social, qual seja: o processo.

O processo judicial é, assim, o instrumento de atuação do Estado para restabelecer a ordem jurídica, no exercício de uma de suas funções, que é a jurisdição, incumbida esta ao Poder Judiciário.

Visa, pois, solucionar conflitos e obrigar ao cumprimento da lei, punindo a transgressão.

A lei é como um diamante ainda não lapidado. No estado bruto fica latente, até o momento de sua aplicação ao caso concreto. A interpretação da norma e sua aplicação é que lhe vai dar forma. O brilho, entretanto, será resultado não só da simples aplicação da norma ao caso concreto, mas essencialmente na satisfação plena do direito, na entrega célere e justa do objeto litigioso, dando luz e eficácia à lei, tornando-a nobre no seu *status quo ante*, nascido do poder do Estado e transfigurado na vontade popular, atingindo-se o escopo da verdadeira e real justiça.

O sistema processual demanda uma ordem que, como estampada na bandeira nacional, tem por consequência o progresso. Daí a busca incansável pelo aprimoramento das técnicas processuais, de modo a dar maior celeridade e efetividade ao processo, sem descuidar da segurança jurídica. Isto porque os escopos do processo são vários, destacando-se o jurídico, o político e o social. Envolve toda a relação do Direito com o Estado, uma vez que aquele serve para organizar a sociedade, conferindo-lhe estabilidade e, em consequência, a subsistência do próprio Estado Democrático.

Processo que visa, enfim, a paz, a justiça e a ordem social.

Essa ordem tem um nascedouro – a sociedade –, e um destinatário, que é a própria sociedade. Nasce com a sociedade através da cultura, do conhecimento, da educação. Educação esta que exige uma conduta ética e moral, ou seja, educação voltada para a virtude, para o bem. O que produz uma consciência de cidadania, com espírito capaz de se dedicar à criação de leis necessárias e justas, aplicadas igualmente a todos.

Nesse ideal, a figura do juiz aparece como ponto essencial na condução do processo democrático, como distribuidor do fruto da árvore da justiça, a qual somente pode ser concretizada por meio de uma decisão fundada na equidade, de modo que, sem desvirtuar a lei, sabe adequá-la na obtenção de um resultado justo, o mais próximo possível da verdade.

Encontrar a verdade é trilhar pelo caminho das virtudes. A verdade é real e única, caso contrário não poderia ser desse modo definida, ainda que pesassem opiniões divergentes sobre ela. Como se disse, a verdade deve ser buscada e o caminho mais próximo dela está na reta razão e nos bons princípios.

Liberdade e vida: os dois princípios fundamentais que regem a ética e que estão assentados no artigo 5º da Constituição Brasileira.

A liberdade que ensina o limite, o ponto intermédio em que termina a liberdade de um e começa a do outro, definido como respeito. O respeito à vida, princípio do amor, onde se mede e ouve a razão alheia, pesando-a na balança da liberdade, de modo que se possa refletir sobre os argumentos invocados pelo adverso e buscar a conciliação, pois não se faz justiça com as próprias mãos nem se pode alcançá-la plenamente no Judiciário, mas sim encontrá-la na consciência de cada um, de cada ser, humano e racional, e que também tem coração, dignidade, vida.

É como princípio fundamental que o devido processo legal é garantidor da consolidação do Estado Democrático e da busca pela verdadeira justiça.

Justiça que não deve existir somente dentro de um processo judicial, mas antes, estar enraizada dentro do coração de cada ser humano.

Justiça que não é somente sinônimo de condenação, mas também de partilha, conciliação, comunhão...

É como ensina Hebert de Sousa, o Betinho (Diário de Bordo, 2006, não paginado): "É importante ver com os dois olhos, os dois lados, para mudar a única realidade, a que temos".

É como bem traduz Rui Barbosa (Diário de Bordo, 2006, não paginado): "O que faz a justiça é o ser justo. Tão simples e tão banal. Tão puro".

REFERÊNCIAS BIBLIOGRÁFICAS

ADORNO, Rodrigo dos Santos. **Breves considerações sobre a limitação da vontade contratual.** Boletim Jurídico, Uberaba/MG, a. 3, n. 136. Disponível em: <http://www.boletimjuridico.com.br/ doutrina/texto.asp?id=724> Acesso em 02 fev. 2012.

AHNER, Gene. **Ética nos Negócios: construir uma vida, não apenas ganhar a vida.** Trad. Bárbara Theoto Lambert). São Paulo: Paulinas, 2009.

ALIGHIERI, Dante. **Da monarquia.** Trad. Jean Melville. São Paulo: Martin Claret, 2003.

ALMANAQUE ABRIL. Atualidades Vestibular 2006. São Paulo: Abril, 2006.

ALVES, José Carlos Moreira. **Direito Romano.** 13ª ed., vol. I. Rio de Janeiro: Forense, 2002.

AMARAL, Arnaldo José Duarte do. **Estado democrático de direito: nova teoria geral do direito do trabalho – adequação e compatibilidade.** São Paulo: LTr, 2008.

AQUINO, Felipe Rinaldo Queiroz de (org.). **Histórias para meditar.** Lorena: Cléofas, 2003.

ARAÚJO, Justino Magno. **A renovação do processo civil e outros estudos processuais.** São Paulo: Método, 2004.

ARAÚJO, Luis Ivani de Amorim. **Da universalidade do Direito Internacional Público – os impactos americano e soviético.** Rio de Janeiro: Forense, 2005.

ARAÚJO, Maria Angélica Benetti. **Autonomia da vontade no direito contratual.** Disponível em: <http://www.cursoiuris.com.br/downloads/ArtigoCivi l2.pdf> Acesso em 02 fev. 2012.

ARISTÓTELES. **Ética a Nicômaco.** Trad. Pietro Nassetti. São Paulo: Martin Claret, 2006.

BACHINSKI, Carlos. **Latim: língua e direito vivos.** 2ª ed. Curitiba: Juruá, 2006.

BARBOSA, Rui. **Oração aos moços.** São Paulo: Martin Claret, 2004.

BDINE JÚNIOR, Hamid Charaf. **Cessão da posição contratual.** São Paulo: Saraiva, 2007.

BECCARIA. **Dos delitos e das penas.** 3ª ed. Trad. J. Cretella Jr. e Agnes Cretella. São Paulo: Revista dos Tribunais, 2006.

BEDAQUE, José Roberto dos Santos. **Efetividade do processo e técnica processual.** São Paulo: Malheiros, 2006.

BOBBIO, Norberto; VIROLI, Maurizio. **Diálogo em torno da república.** Trad. Daniela Beccaccia Versiani. Rio de Janeiro: Campus, 2002.

BUENO, Cássio Scarpinella. **A nova etapa da reforma do código de processo civil.** vol. 1. São Paulo: Saraiva, 2006.

CALAMANDREI, Piero. **A crise da justiça.** Trad. Hiltomar Martins Oliveira. Belo Horizonte: Líder, 2004.

CAPPELLETTI, Mauro. **O processo civil no direito comparado.** Trad. Hiltomar Martins Oliveira. Belo Horizonte: Líder, 2001.

CARDOZO, Benjamin Nathan. **Evolução do Direito.** Trad. Henrique de Carvalho. Belo Horizonte: Líder, 2004.

CARNELUTTI, Francesco. **Instituições do processo civil.** vol. 1. Trad. Adrián Sotero De Witt Batista. São Paulo: ClassicBook, 2000.

_____. **Como nasce o Direito.** 3ª ed. Trad. Hiltomar Martins Oliveira. Belo Horizonte: Líder, 2003a.

_____. **O problema da pena.** Trad. Hiltomar Martins Oliveira. Belo Horizonte: Líder, 2003b.

_____. **A arte do Direito.** 2ª ed. Trad. Paolo Capitanio. Campinas: Bookseller, 2005.

CHALITA, Gabriel Benedito Issaac. **Os dez mandamentos da ética.** Rio de Janeiro: Nova Fronteira, 2003.

CÍCERO. **Dos deveres.** Trad. Alex Marins. São Paulo: Martin Claret, 2005.

CINTRA, Antonio Carlos de Araújo; GRINOVER, Ada Pellegrini; DINAMARCO, Cândido Rangel. **Teoria geral do processo.** São Paulo: Malheiros, 2006.

COELHO, Fábio Ulhoa. **Roteiro de lógica jurídica.** 4ª ed. São Paulo: Saraiva, 2001.

COMTE-SPONVILLE, **Pequeno tratado das grandes virtudes.** Trad. Eduardo Brandão. São Paulo: Martins Fontes, 2004.

COSTA, Dilvanir José da. **Curso de Hermenêutica Jurídica.** 2ª ed. Rio de Janeiro: Forense, 2005.

DIÁRIO DE BORDO. Brasília: Banco do Brasil S.A., 2006.

DEL VECCHIO, Giorgio. **O Estado e suas fontes do Direito.** Trad. Henrique de Carvalho. Belo Horizonte: Líder, 2005.

_____. **História da Filosofia do Direito.** Trad. João Baptista da Silva. Belo Horizonte: Líder, 2006.

DINAMARCO, Cândido Rangel. **Instituições de Direito Processual Civil.** São Paulo: Malheiros, 2001.

FERRARA, Francesco. **Como aplicar e interpretar as leis.** Trad. Joaquim Campos de Miranda. Belo Horizonte: Líder, 2005.

FREIRE, Paulo. **Ação cultural para a liberdade.** São Paulo: Paz e Terra, 1984.

FREITAS, Newton. **Segurança Jurídica.** <http://www.newton.freitas.nom.br/artigos.asp?cod=337> Acesso em 02 fev. 2012.

GAGLIANO, Pablo Stolze e PAMPLONA FILHO, Rodolfo. **Novo Curso de Direito Civil.** vol. IV : contratos, tomo 1: teoria geral – 4. ed. rev. e atual. – São Paulo: Saraiva, 2008.

GIANNICO, Maurício. **A preclusão no Direito Processual Civil Brasileiro.** São Paulo: Saraiva, 2005.

GIBRAN, Khalil Gibran. **O profeta**. Trad. Bettina Becker. Porto Alegre: L&PM, 2002.

GÓES, Gisele Santos Fernandes. **Princípio da proporcionalidade no Processo Civil**. São Paulo: Saraiva, 2004.

GONZAGA, Tomás Antônio. **Tratado de Direito Natural**. São Paulo: Martins Fontes, 2004.

GRAU, Eros Roberto. **O Direito posto e o Direito pressuposto**. São Paulo: Malheiros, 2003a.

_____. **A ordem econômica na Constituição de 1988 (Interpretação e crítica)**. 8ª ed. São Paulo: Malheiros, 2003b.

IHERING, Rudolf Von. **A luta pelo Direito**. 23ª ed. Trad. João Vasconcelos. Rio de Janeiro: Forense, 2006.

KANT, Immanuel. **Crítica da razão prática**. Trad. Rodolfo Schaefer. São Paulo: Martin Claret, 2005.

KELSEN, Hans. **Teoria pura do Direito**. 4ª ed. Trad. J. Cretella Jr. e Agnes Cretella. São Paulo: Revista dos Tribunais, 2006.

LASSALE, Ferdinand. **O que é uma constituição**. Trad. Leandro Farina. Sorocaba: Minelli, 2006.

LEITE, Flamarion Tavares. **Manual de filosofia geral e jurídica**. Rio de Janeiro: Forense, 2006.

LISBOA, Roberto Senise. **Contratos difusos e coletivos: consumidor, meio ambiente, trabalho, agrário, locação**. 3ª ed. rev., atual. e ampl. – São Paulo: Editora Revista dos Tribunais, 2007.

LOPES, João Batista. **Tutela Antecipada no processo civil brasileiro.** São Paulo: Saraiva, 2001.

LOPES, Maria Elizabeth de Castro. **O juiz e o princípio dispositivo.** São Paulo: Revista dos Tribunais, 2006.

LUCCA, Newton De. **Da Ética Geral à Ética Empresarial.** São Paulo: Quartier Latin, 2009.

MAIA JÚNIOR, Mairan Gonçalves. **A Representação no Negócio Jurídico.** São Paulo: Revista dos Tribunais, 2004.

MARQUES, José Frederico. **Instituições de Direito Processual Civil.** vol I. Campinas: Millennium, 2000.

MARTINS-COSTA, Judith. **A Boa-fé no Direito Privado.** São Paulo: Revista dos Tribunais, 2000.

MARTINS FILHO, Ives Gandra da Silva. **Manual Esquemático de Direito e Processo do Trabalho.** 14ª ed. São Paulo: Saraiva, 2006.

MARTINS, Ives Gandra. Coordenador. **Ética no Direito e na Economia.** São Paulo; Pioneira : Academia Internacional de Direito e Economia, 1999.

MAXIMILIANO, Carlos. **Hermenêutica e aplicação do Direito.** 17ª ed. Rio de Janeiro: Forense, 1998.

MONTESQUIEU. **Do espírito das leis.** Trad. Jean Melville. São Paulo: Martin Claret, 2005.

MORAIS, José Luís Bolzan. **De sonhos e defeitos da globalização.** In SARLET, Ingo Wolgang (Coord.). **Direitos fundamentais sociais: estudos** de direito constitucional internacional e comparado. Rio de Janeiro: Renovar, 2003.

NALINI, José Renato. **Ética geral e profissional.** São Paulo: Revista dos Tribunais, 2001.

_____. *Justiça.* São Paulo: Editora Canção Nova, 2008.

NASCIMENTO, Walter Vieira do. **A Justiça.** 2ª ed. Rio de Janeiro: Forense, 2005.

NAZAR, Nelson. **Direito Econômico.** Bauru, SP: EDIPRO, 1ª ed., 2004.

NERY JÚNIOR, Nelson. **Código brasileiro de defesa do consumidor: comentado pelos autores do anteprojeto** / Ada Pellegrini Grinover... (et al.) – 9ª ed. – Rio de Janeiro: Forense Universitária, 2007.

NOVA ESCOLA. São Paulo: Abril, Grandes Pensadores vol. 2, 2006.

NUNES, Rizzato. **Manual de Filosofia do Direito.** São Paulo: Saraiva, 2004.

REALE, Miguel. **Lições preliminares de Direito.** São Paulo: Saraiva, 2002 e 2005.

RIZZARDO, Arnaldo. **Contratos.** 3ª ed. – Rio de Janeiro: Forense, 2004.

ROSA, Felippe Augusto de Miranda. **Sociologia do Direito.** Rio de Janeiro: Jorge Zahar, 2004.

ROSENVALD, Nelson. **Código Civil Comentado: doutrina e jurisprudência.** Coordenador Cezar Peluso – 2. ed. – Barueri, SP: Manole, 2008.

ROSSEAU, Jean-Jacques. **Do contrato social.** Trad. Pietro Nassetti. São Paulo: Martin Claret, 2006.

SANTOS, Sandra Aparecida Sá dos. **A inversão do ônus da prova como garantia constitucional do devido processo legal.** São Paulo: Revista dos Tribunais, 2002.

SHILLING, Flávia (org.). **Direitos Humanos e Educação: outras palavras, outras práticas.** São Paulo: Cortez, 2005.

SILVA, José Afonso da. **Aplicabilidade das normas constitucionais.** 5ª ed. São Paulo: Malheiros, 2001.

SIQUEIRA JR., Paulo Hamilton. **Direito Processual Constitucional.** São Paulo: Saraiva, 2006.

THEODORO JUNIOR, Humberto. **Curso de Direito Processual Civil.** 27ª ed., vol. 1. Rio de Janeiro: Forense, 1999.

TUCCI, José Rogério Cruz e. **Precedente judicial como fonte do direito.** São Paulo: Revista dos Tribunais, 2004.

WALD, Arnoldo. **Obrigações e contratos.** 16ª ed. – São Paulo: Saraiva, 2004.

WAMBIER, Luiz Rodrigues; ALMEIDA, Flávio Renato Correia de; TALAMINI, Eduardo. **Curso avançado de Processo Civil.** 3ª ed., vol. 1. São Paulo: Revista dos Tribunais, 2000.

WAMBIER, Luiz Rodrigues; WAMBIER, Teresa Arruda Alvim; MEDINA, José Miguel Garcia.

Breves Comentários à Nova Sistemática Processual Civil. 3ª ed. São Paulo: Revista dos Tribunais, 2005.

WATANABE, Kazuo. **Da cognição no Processo Civil.** 2ª ed. Campinas: Bookseller, 2000.

ZAVASCKI, Teori Albino. **Processo coletivo.** São Paulo: Revista dos Tribunais, 2006.

www.ingramcontent.com/pod-product-compliance
Lightning Source LLC
Chambersburg PA
CBHW020910180526
45163CB00007B/2695

* 9 7 8 1 0 7 0 7 1 9 6 2 7 *